你還不認識的新越南

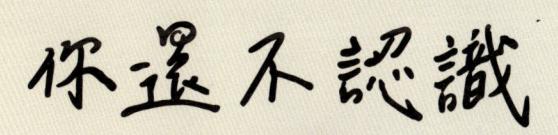

在一個華麗變身的年輕國家
生活、旅行和工作

Click-Vietnam
點點越南——著

目次

作者序 010

第一部／在越南的生活日常

現代化發展的象徵
范日旺創立的 Vingroup 帝國 ⋯⋯ 014

包山包海的大企業
Vingroup 的一條龍生活 ⋯⋯ 018

越南生活很好過嗎？
從衣食住行看當地和進口物價 ⋯⋯ 022

越南新世代超商文化
熱食、手搖飲和饒舌歌曲 ⋯⋯ 026

在越南看病
從街角藥局到新加坡的海外病房 ⋯⋯ 030

中產家庭小孩的教育新寵
超多元的體制外學校 ⋯⋯ 034

第二重要外語
越南的中文熱 ⋯⋯ 038

粽香飄年節
越南人春節這樣過 ⋯⋯ 042

第二部／傳統和潮流美食

歐巴馬套餐
全球最火紅的烤肉米線代言人 ……… 048

收錄在英文辭典的美食
河粉和越式法國麵包 ……… 052

路邊的米其林
接地氣的人間美味 ……… 056

清爽健康的飲食
離不開大量生菜和水果的日常生活 ……… 060

老咖啡新創意
鹽咖啡、椰子咖啡和拉花蛋咖啡 ……… 064

珍珠奶茶就是一餐
越南年輕人的飲料文化 ……… 068

第三部　好玩又有趣的越南

從自助到精緻的旅遊體驗
正在崛起和改變的亞洲旅遊大國 ……… 074

越南小歐洲
最多人想前往的音樂城市 ……… 078

越夜越熱鬧
河內和胡志明市的夜生活 ················ **082**

美容美髮服務
是養生也是一種聚會方式 ················ **086**

精心擺置的水果拼盤
節慶、日常生活、約會都充滿了儀式感 ········ **090**

你的中秋不是我的中秋
大異其趣的同名越南節日 ················ **094**

第四部／越式美學和創新

打破傳統審美的越南環球小姐
非典型佳麗 H'Hen Niê ················ **100**

愛國畫報
完成歷史使命，成為創作風格 ············· **104**

讓 OL 瘋狂的新式奧黛
便於移動、風格多樣的新國服 ············· **108**

從傳統工藝到國際舞台
張文道的木製汽車和武重義的竹子建築 ······· **112**

從電影認識越南
當代越南文學作品躍上大銀幕 ············· **116**

第一副本土塔羅牌
文學底蘊浩瀚的越南塔羅牌《翹傳》 ⋯⋯⋯⋯⋯⋯ 120

第五部／年輕人的復古和流行

重穿阿公阿嬤的衣服
向歷史致敬的復古風當道 ⋯⋯⋯⋯⋯⋯⋯⋯⋯⋯⋯ 126

刺青流行文化
年輕人展現個性的新潮流 ⋯⋯⋯⋯⋯⋯⋯⋯⋯⋯⋯ 130

出櫃的勇氣
LGBTQ 的現況、困境、包容 ⋯⋯⋯⋯⋯⋯⋯⋯⋯⋯ 134

杯子行銷法
吸引年輕人拍照分享的咖啡杯 ⋯⋯⋯⋯⋯⋯⋯⋯⋯ 138

混混和電子音樂
讓人 high 起來的 Vinahouse 音樂 ⋯⋯⋯⋯⋯⋯⋯⋯ 142

洗腦的越南語副歌
回國闖盪的越裔第二代歌手 ⋯⋯⋯⋯⋯⋯⋯⋯⋯⋯ 146

熱心公益的歌手黑武
沒有黑暗、暴力、性元素的饒舌歌手 ⋯⋯⋯⋯⋯⋯ 150

全越瘋足球
從小孩到老奶奶都愛的全民運動 ⋯⋯⋯⋯⋯⋯⋯⋯ 154

第六部／人和人的相處

「我懂，孩子就是這樣。」
越南的友善育兒環境 ……… 160

「你來自臺北還是高雄？」
對臺灣熟悉友好的越南人 ……… 164

和越南人共事
文化差異比你想的更重要 ……… 168

濃濃的聊天人情味
很愛聊也很會聊的越南人 ……… 172

初次見面就愛身家調查
重視輩分的越南對話方式 ……… 176

你今天 Zalo 了嗎？
越南最流行的通訊、工作、支付軟體 ……… 180

第七部／越南越來越好

捷運正式啟用
緩解交通堵塞和城市的現代化 ……… 186

VinFast 電動車
越南的寧靜蛻變 ……… 190

綠色出行
穿梭城市的共享腳踏車 … 194

外送平台 PK 大戰
收購 Uber 後的 Grab 還有對手嗎？ … 198

「嗶」轉帳成功
無現金的數位支付世代 … 202

是食物還是寵物？
反對聲浪四起的狗貓食用傳統 … 206

別具意義的紀念品
幫助鄉村婦女和特殊需求兒童的社會企業 … 210

打擊人口販賣和幫助視障人士
Blue Dragon 和 Omamori Spa … 214

改變天際線
胡志明市兩大高樓地標 … 218

作者序

「點點越南 Click-Vietnam」的發展是兩個好朋友聊天聊出來的。一個是在越南臺商雜誌社的編輯（劉俐），一個是臺灣教育部外派的華語教師（張瑜倫）。在某次聚會上，我們分享了各自對越南的觀察，以及外人對這裡的謬誤，從白天聊到晚上，我們一拍即合，想為臺灣朋友呈現越南更清晰的面貌。

原名「Click-Click」的粉絲專頁在 2012 年 9 月 2 號開篇時，只是分享在河內的生活資訊。當時大部分臺灣人對越南南部（也就是以胡志明市為中心及其附近區域）比較熟悉，因此越南北部、以河內為主的生活資訊更顯珍貴。

瑜倫在 2013 年加入編輯團隊後，帶入更多越南文化的面向，讓點點越南不再只是旅遊、美食分享的平台。劉俐的妹妹後來也加入一些越南的藝術和展覽資訊，點點越南的整個雛型才確定下來。我們陸續邀請由教育部外派、在越南各地的華師加入，也跟許多不同領域的專業人士、常駐越南或

研究越南的人邀稿,大大增加了點點越南的深度及廣度,這正是我們一直期望能做到、並努力在做的——讓華文讀者更認識這個多元又真實的越南。

我們身處的現代世界,是無數歷史軌跡交織的結果。《你還不認識的新越南》這本書希望呈現給讀者的,並非僅僅是「摩登越南」,反而是受過去歷史與文化影響、而造就出現代的越南,以及它獨特的軌跡。例如書中介紹的,從烏克蘭發跡、至今發展成為越南最大企業的 Vingroup,這些年一直是越南商界領頭羊,國際化的背景讓 Vingroup 勇於創新,協助越南和國際接軌。抑或是以木材或木製品出口知名的越南,不只有傳統的木材工藝,還有 ND-WoodArt 的張文道以木頭製作、可以行駛的原尺寸名車,驚艷世界。

即使越南受到臺灣文化的影響,路上手搖飲一間一間地開,然而和臺灣不同的是,越南人有著長久的泡咖啡館文化,他們的手搖飲店家多半提供內用座位,甚至像一般的越南店家,也可以坐在店門口的小凳子上,悠哉地邊喝奶茶邊看街景。越南在接納其他文化的同時,也走出了自己的風格,就像越南許多的老房子,有著法國殖民時期的百葉窗、拱門和挑高天花板,卻又結合越南特有的黃色牆面及傳統圖

案裝飾。越南的現代樣貌,就是這般在融合中創造出屬於自己的節奏。

　　書中書寫的越南,不只是經濟起飛、科技園區或高樓大廈,也絕對不只是河粉與斗笠。我們想呈現的,是一個正經歷變化,但又保有自己靈魂的越南。感謝真文化出版的邀請,讓我們有機會從網路走進書店,以不同的方式分享越南。希望你可以從這本書中,找到一個讓你驚訝、微笑或回想起某段旅程的越南,更歡迎你來探索,那個你或許不熟悉的新越南。

第一部
在越南的生活日常

現代化發展的象徵
范日旺創立的 Vingroup 帝國

劉俐

臺灣有鴻海，韓國有三星集團，越南則有政府強力支持的 Vingroup 集團。Vingroup 集團經營的生意，在越南人的生活中幾乎無所不在，同時也是好幾萬家庭的支柱。走在大街小巷都可以看到 WinMart 超商和大型的 Vincom 商場，這些都是 Vingroup 集團的相關產業。位於胡志明市、全國最高的大樓 81 地標塔（Vincom Landmark 81）也是出自 Vingroup 集團。

Vingroup 集團創辦人范日旺（Phạm Nhật Vượng）是越南第一個億萬首富，出生於 1968 年的海防，大學赴俄羅斯留學，畢業後移居烏克蘭並以賣泡麵起家，這也是 Vingroup 集團的前身 Technocom。2000 年回到越南創業，開始他偉大帝國的第一步。2001 年他在越南芽莊開始地產事業，成立 Vinpearl 公司，蓋度假別墅。2004 年在河內成立 Vincom，蓋了第一間商場 Vincom，之後整併兩間公司成為 Vingroup。Vingroup 開始走出房地產領域，在各領域諸多嘗試，像是零售業、智慧型手機與電視、電動車、教育、

位在河內市
龍邊郡的
Vingroup 總部。

范日旺一手打造的
Vingroup 帝國遍布多
種產業類型。

第一部／在越南的生活日常　015

醫療與遊樂園，這當中有的成功，有的失敗。

越南政府現在對高科技產業給予投資優惠，除了吸引外商投資外，政府也積極培養高科技人才，因此十分支持大集團投資與研發。早在 2000 年，范日旺就看好越南經濟起飛，了解房地產會賺錢，因此很早就投入。他也十分了解民生必需品，因此早早就布局越南的零售業。2017 年他嗅到電動車趨勢，而且這次是全球性的環保趨勢，沒有造車背景的他，同樣放手一搏動電車市場。

為了即時填補日益擴張的高科技領域人才，Vingroup 在世界各地網羅技術人才，同時也開辦教育，從幼稚園到高等教育，一手包辦。Vingroup 因為跨足醫療領域，下一步即將在胡志明市成立醫學大學，為自己的醫療王國充實彈藥。

Vingroup 在胡志明市證交所掛牌上市後，一直是越南市值最高的企業之一，與越南外貿銀行 Vietcombank、越南牛奶公司 Vinamilk 並列越南股市的前三大公司。子公司 Vinpearl 和 Vinretail 也獨立上市。目前 Vingroup 專注於推動科技創新，其中電動車品牌 VinFast 成為全球矚目的焦點，甚至在美國掛牌上市，踏上國際舞台。雖然初期遭受質疑訕笑，但范日旺始終堅持長遠目標，展現驚人的商業敏銳度與決心。我認為，范日旺不僅是個富有遠見的狂人，更是一位帶動國家進步的推手。他的帝國與人民生活脫不了關係，可

以說是一條龍包辦。他讓 Vingroup 成為越南發展的象徵，也讓世界看到這顆正在亞洲閃耀的金黃色星星。

Vingroup 集團的電動車品牌 VinFast 展示中心。

Vingroup 社區 Ocean Park 的人造海灘。

第一部／在越南的生活日常

包山包海的大企業
Vingroup 的一條龍生活

劉俐

在越南，Vingroup 已經不只是企業集團，更像是一種生活方式的設計總監。從出生到教育、醫療、住房、購物、交通、度假，幾乎每個人生階段都可以在 Vingroup 的系統裡完成。我們從幾個代表性產業出發，來看看這條「Vingroup 生活鍊」是怎麼構成的。

■教育

Vingroup 很早就開始打造自己的教育體系。Vinschool 負責幼兒園到高中的教育，分布於各大城市。2019 年，他們在河內創辦了 VinUniversity（Vin 大學），校園建築華麗醒目，俄式風格的白色尖塔上還有一顆金黃色星星。而 Vin 大學主打工程管理、人工智慧、資通訊與健康管理。創校之初就與康乃爾大學、賓州大學合作。除了與國際大學合作外，也明確對應集團未來的人力需求。根據《Saigoneer》報導，Vingroup 正計畫在胡志明市設立醫學大學，不僅可與旗下 Vinmec 醫院合作，也進一步擴展醫療教育版圖。

俄式建築風格的 Vin 大學。

Vingroup 集團下的國際學校 Vinschool。

第一部／在越南的生活日常

■ 房地產與社區

　　Vinhomes 在各地蓋起一座座高級住宅區，可以說徹底改變了城市的風貌。對城市中產階級來說，買下的不只是房子，而是一種全包式生活保證。很多有錢階層和外籍人士住在這裡，大樓內就有健身房和游泳池。社區內還有 Vinschool 國際學校、Vincom 商場，以及 Vinmec 醫院，一般民生機能都能在社區內解決。在河內龍邊郡的 Riverside 大樓社區內多是 Vin 集團的員工，到處都可以看到 VinFast 電動車，別墅房型也是讓人驚嘆不已。瑜倫的學生說，下課後會去釣魚，她問學生：「你在哪裡釣魚？」學生回答家後門打開就是河。直到我跟瑜倫親自到那裡看過，才知所言不假。社區內有河道流經每一棟房子後院，可以划著小船出去。另一個令人瞠目結舌的 Ocean Park 社區在 Vin 大學

Vingroup 的高級住宅和別墅房地產產業，徹底改變了城市的風貌。

旁，社區內打造一片漂亮的白沙灘，可以遠眺對岸 Vin 大學最高的金黃色星星。

■交通科技

食衣住行中，當然不能缺少「行」。電動車 VinFast 作為 Vingroup 近年投入最深、也最燒錢的重點企業，VinFast 不只是造車，更是一場關於越南未來的豪賭。

當《Saigoneer》報導 Vin 大學時，有網友在底下留言調侃說：「在 Vinmec 醫院出生、在 Vinschool 上課、在 WinMart 買東西、在 Vincom 逛街、住在 Vinhomes、開著 VinFast、在 Vinpearl 度假……什麼時候會有 Vin 生命事業？」這句玩笑話，雖然諷刺但也不脫現實。Vingroup 的事業版圖，已經滲透進越南人民大半生活。這樣的規模與滲透力，無疑引發不少討論。但平心而論，如果沒有這樣一家大型企業領頭衝刺，越南也許還要原地打轉二十年。

從 Ocean Park 人工沙灘這一側可以望見 Vin 大學。

越南生活很好過嗎？
從衣食住行看當地和進口物價

張瑜倫

越南目前大城市社會新鮮人的月薪落在一萬二到兩萬臺幣之間，因此收入較高的國家的人，常誤以為拿著自己國家的薪水在越南生活，會有很好的生活品質，過上好日子。但真的是這樣嗎？讓我們從越南的食衣住行來看。

先談一談吃。在越南買菜確實非常便宜，用一百塊臺幣買到的蔬菜水果，每天吃的話，一個星期都吃不完。一碗河粉、米線或一個便當，通常不到五十塊臺幣；早餐常吃的糯米飯臺幣十塊就能吃得好飽；法式越南麵包夾肉夾蛋，一份才二十多塊臺幣，聽起來越南飲食花費不高，但這都僅限於越南菜。

有外食習慣的臺灣人，平常接觸異國料理的機會多，義大利麵、拉麵、咖哩飯、石鍋拌飯都已經成為我們日常飲食的一部分，如果在越南想吃這些異國料理，價格就跟臺灣沒什麼差別了。中式、臺式料理在越南也不便宜，因此，如果你是個喜歡吃外食，特別是愛吃各國料理的人，在吃這一塊的花費是省不下來的。

在路邊吃碗河粉、配杯冰茶,是最道地的越南生活寫照,同時也是一種低成本的生活選擇。

越南的蔬果價格比臺灣低很多,菜市場買菜又比超市更實惠。

第一部／在越南的生活日常

穿的方面,越南的成衣製造業聞名於世,因此在越南購買本地品牌的衣服很便宜,品質也好。然而,不要期待在越南購買 Made in Vietnam 的外國品牌就會比較便宜,其價格跟在外國是差不多的。行的方面,越南計程車的價格比起外國便宜許多,常常半個小時的車程不到兩百塊臺幣,還有摩托車型的計程車可以選擇,更便宜了!但若是計畫要買車,越南汽車的關稅高到令人卻步,這也是許多越南家庭還沒有汽車的原因。談到住,比起超高房價的臺灣,越南的房價當然是比較便宜,但隨著近年來越南經濟的蓬勃發展,大城市的房價也水漲船高,買不起房子逐漸成為大多越南年輕人的煩惱。

　　這樣看下來,似乎選擇大部分當地人的生活方式,吃越南菜、穿越南品牌的衣服、不買車,領外國薪水住在越南好像真的可以存下不少錢?但還要考慮到越南進口電子產品的關稅比外國來得高,在越南買 iPhone、MAC 電腦和 Panasonic 家電,比在其他國家貴上不少。

　　原本不貴的東西,像是蔬菜、水果和衣服,在越南確實比外國更便宜,但高單價的商品,像是電腦和汽車,在越南就更貴了。所以,越南的物價低嗎?生活容易嗎?答案或許不一定。

在越南想吃到優質牛排絕對沒問題，不過一塊牛排的價錢，可能都可以吃上十幾碗河粉了。

由於有許多日本人和韓國人在越南工作，因此在大城市裡可以看到不少主要服務日韓客人的店家，價格自然也比一般越南當地高。

比起臺灣，在越南旅行還是便宜許多，特別是住宿，像這棟面海的獨棟 Villa 一晚價格不到兩千塊臺幣。

第一部／在越南的生活日常

越南新世代超商文化
熱食、手搖飲和饒舌歌曲

劉俐

　　越南一二線城市的超商雖沒有臺灣那麼密集,但也是非常普遍的。在越南,各家超商受歡迎的程度和臺灣略有不同。越南北部的超商以 Circle K 和本土企業 WinMart 較多。南部比較多的是 7-11、FamilyMart、韓國超商 GS25 和日本超商 Mini Mart,以及 WinMart 和 Circle K。

　　疫情後各家超商積極布局,但中老年人買東西還是習慣在小雜貨店或傳統市場。年輕人則不太在意價格,超商裡的東西琳瑯滿目,他們三不五時就會到超商晃晃。問了很多年輕人,他們對超商的喜愛,排行第一名是 Circle K,第二名是 GS25,第三名才是我們熟知的 7-11、FamilyMart。Circle K 是遍布全國且數量最多的,年輕人覺得這裡的熱食最好吃,裡面的東西也最多。越南知名的饒舌歌手德明(Đức Minh)在他的歌曲《妳早點睡(Ngủ sớm đi em)》開頭就說到一對異性朋友晚上七點約在 Circle K 見面,女生先去拿桃子冰,坐下後開始跟朋友大聲訴苦她的感情生活。年輕人都很喜歡這種 SWING 調調。

年輕人最愛的超商 Circle K，大家會在裡面看書、聚會。

Circle K 裡面的熱食最受年輕人歡迎。

第一部／在越南的生活日常　**027**

我逛了好多家超商，發現他們的熱食服務都很厲害，不只有熱包子、熱燒賣、熱 Bánh giò（源自北方的小吃，用粽葉包裹米粉蒸的鹹粿）、沙嗲，現做越南麵包是基本的。除了烤麵包外，店員還要現煎雞蛋和現做米粉湯。但是我吃了部分的熱食後，覺得普遍都差強人意，我朋友還吃了一口包子就立刻吐出來。然而韓國超市 GS25 的熱食品質跟餐廳差不多，很令人驚豔，越南人和臺灣人都一致認同。超商裡也有現做手搖飲，7-11 是將飲料半成品放在冰箱上，架上還有珍珠配料，想要喝什麼就拿去櫃台加冰塊結帳。飲料的份量都是固定的，因為南部天氣熱，通常大家都是選正常冰，如果結帳時選擇少冰或去冰，那飲料就只有一半或七分滿。如果想要買紀念品也可以到 7-11 或 FamilyMart 尋找，像是福隆的茶、MR. VIET 的咖啡與滴滴壺套裝等等。7-11 也有賣特別設計的茶包和包裝精緻的腰果。

　　跟臺灣相比，現在越南超商還沒有寄貨、繳費、列印等服務，但由於越南的 Grab 服務廣大，到府收件的效率非常高且收費低廉，因此超商無須增加這項服務。另外，有的超商並沒有完全領略二十四小時營業的精神，我就曾經遇到想休息就自行貼上不營業告示牌的門市，店員在店內手比叉叉示意離開，真是一次意想不到的經驗。

越南超商的
熱食選擇多。

有些超商店員想休息
就自行貼上 CLOSED 告示牌,
並沒有領略到
二十四小時營業的精神。

第一部／在越南的生活日常　029

在越南看病
從街角藥局到新加坡的海外病房

劉俐

　　人總有無可避免的大小病痛，小則自行吃藥解決，大則上醫院就醫。在越南，中藥保健、傷科針灸這些治療都有。越南的藥局很多，隨處可見，生小病時會直接到藥局買成藥，中藥西藥都有。如是其他專科問題才上醫院檢查。

　　越南公立醫院占了七成五，私立的則占二成五。醫院依級別從最小到最大分成公社級—區級—直轄／省級—中央級。民眾必須到醫療保險卡指定的醫院看病，才能獲得醫療給付，看中醫也一樣。外國人則另外收費。看完病後拿處方箋去藥局買藥。如果要到大城市就醫，需要透過相等級別的醫院開出轉診單。

　　越南的水貨藥品猖獗，有些處方箋上沒有的藥也可以買到，即使是沒有藥證的藥品。越南民眾多少都有自己或親友被誤診的經驗，這些大大小小的因素，讓民眾不會百分之百信任醫生。另外，在越南有繳稅的人都可以領到醫保卡，外國人只要有繳稅同樣也可以領有醫保卡，依照規定在指定的公立醫院看診。但多數外國人會選擇私立醫院就醫。除了外

越南二十四小時營業的藥局。

在越南選擇中醫當日常保健的人也不少。胡志明市第十郡的越南古傳醫學博物館收有豐富的中藥資料。

第一部／在越南的生活日常　031

國人，經濟能力高一點的當地人也會選擇到私立醫院就醫，在人口最多的胡志明市就有超過六十家私立醫院，占全國數量約百分之二十。

若是遇到重大疾病時，有錢人會選擇到國外就醫，像是到新加坡或泰國。首選新加坡，除了醫療品質好，第二個主因是新加坡免簽，加上新加坡企業在越南收購的當地醫院，塑造的企業形象等等都帶來正面觀感。新加坡的醫院也會針對高端收入的病患做足相關準備，像是照護者、隨從的起居空間，也有越南文翻譯人員支援。至於有錢人為什麼寧願出國也不選擇到越南的國際醫院就醫呢？因為國際醫院的醫生流動率太大，有名氣或是醫術好的醫生較少願意到越南或其他國家工作。因此，有錢人寧可不遠千里到國外找尋信賴的

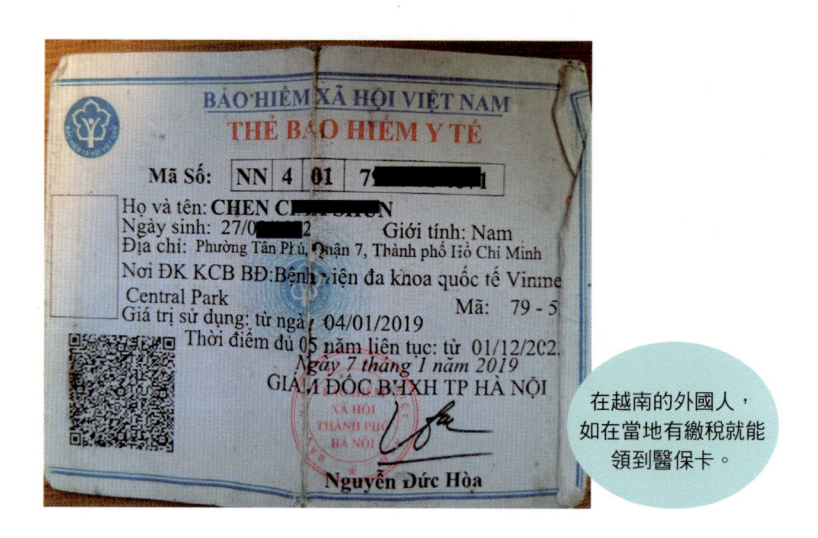

在越南的外國人，如在當地有繳稅就能領到醫保卡。

醫生,並定期回診。雖然臺灣的醫療技術也是蜚聲國際,越南有錢階級也會考慮,但臺灣的簽證申請不容易,一般都是以人道救濟為主。

在越南看病是有差別待遇的。外國朋友到醫院看病,護理人員若知道是外國人,就會主動協助掛號給特別的醫生,不必花時間等待,當然,掛號費也是特別的。

有些藥局會有常見用藥的翻譯表,方便外國人理解。

中產家庭小孩的教育新寵
超多元的體制外學校

張瑜倫

　　隨著越南經濟起飛，越南家長對於孩子的教育越來越重視，應運而生的就是豐富多元的教育選擇。越南家長面臨孩子該選擇怎樣的學校時，除了原有的學雜費便宜、但師生比及設備不是那麼理想的公立學校，以及強調教學品質、學習資源豐富的私立學校外，現在還有國際學校、森林小學、華德福體系、蒙特梭利教育等，也成為越南中產階級家長的選項。

　　我孩子目前就讀的 Maya school 就是一所體制外的學校，以森林學校及蒙特梭利的教育理念設計教學，且位於河內邊陲的山丘上，讓孩子有更多和大自然接觸的機會。從河內市區到這所學校的通勤時間約兩個小時，但因其適性發展教育理念，還是讓我們這些不希望孩子超齡學習的父母趨之若鶩。

　　美國學校、英國學校、澳洲學校、法國學校、日本學校、韓國學校、新加坡學校等，在越南的大城市裡，有各式國際學校讓家長挑選，近年來更是一所接著一所開。國際學

遠離市區的 Maya school，
其幽靜氛圍被很多家長說
像是一個度假村，
校舍都是木製建築，強調
與大自然貼近。

第一部／在越南的生活日常

校越開越多，並不意味外國學生大幅增加，而是越南父母對孩子教育品質及外語學習的重視，且因為越南的外國學生人數有限，大多國際學校裡超過半數的學生為越南學生。有部分知名國際學校，對國籍名額比例有所限制，許多越南家長也願意為之掏錢登記排隊等待，且不一定會有入學的機會。

從一個局內人的角度來看越南的國際學校，我認為大多數國際學校的品質非常優秀。我任職的河內協和國際學校（Concordia International school Hanoi）在他國也有分校，和美國教育完全接軌。學校的硬體設備確實就是歐美國家學校的標準，寬敞的校園空間、多元的遊樂設施，教室裡有設計不同的桌椅，供不同學習習慣的學生使用，室內全年恆溫，隨處可見的空氣清淨機，隔絕了外頭的汙染，學校裡甚至可見連鎖餐廳的分店。國際學校講求人與人互相尊重，因此，在這裡雖不見傳統上的學生對老師絕對服從聽話，但學生從小就學會尊重他人，並為自己做的決定負責。

高品質及個性化教育伴隨的就是較高的學費，有越多英美籍老師的學校，費用就越高。國際學校一年的學費從三十萬臺幣到一百萬臺幣不等，大多數落在一年五、六十萬臺幣。華德福學校或是蒙特梭利小學，一年的學費也落在約三、四十萬臺幣。即使學費高昂，但吸引越南父母的，是這些學校有別於一般越南學校的教育理念及教學方法，還有孩

子未來的發展。漸趨多元化的教育讓越南的下一代擁有更多的機會和可能性。

河內協和國際學校除了一般學科外,對於學生的體育、美術及音樂也相當重視,學生常有機會到外國參賽。

第一部/在越南的生活日常 037

第二重要外語
越南的中文熱

張瑜倫

在越南,中文一直是除了英文之外最重要的外語。這十多年來,雖然日企和韓企大量進入,學日文和韓文的人越來越多,但中文仍然穩坐第二大外語的寶座。經濟交流頻繁、緊鄰的地理位置和長久以來的歷史淵源,都是中文受到重視的主要原因。

目前越南已有超過五十所大專院校開設中文課程,且這個數字仍持續增加中。即便是那些已設立中文系多年的學校,每年依然在擴大中文系招生規模,顯示出中文學習需求的穩定成長。坊間的中文補習班隨處可見,不少名校老師也會在課後開班授課。從一般程度分級的華語課程、為留學生設計的準備課程,到以工作需求為導向的商業中文班,以及針對中文能力檢定的考試班,市場上的課程類型應有盡有,競爭相當激烈。

近年來,越南的中文學習需求還從大學生和成人延伸至兒童族群。早在 2016 年,越南教育部便提出外語教學提案,規畫將中文、日文與俄文納入十二年國民基礎教育課

白馬寺是河內現存最古老的寺廟。越南的廟宇直至今日還使用漢字。

非凡教育中心為臺灣人開辦的語言教育中心,是越南北部唯一臺灣政府認證的僑教單位,提供中越文教學。是極少數在越南推廣臺灣正體中文的教育機構。

第一部／在越南的生活日常　039

作者在越南小學教唱臺灣兒歌《兩隻老虎》。

漢字書法課在越南相當受歡迎。

程，與英文並列為「第一外語」。該提案當時在越南社會引起廣泛討論，多數民眾持反對意見。2021 年，越南教育與培訓部正式宣布將俄語、日語、法語和中文納入第一外語學科，成為小學三年級到高中三年級的課程。到了 2024 年，更是近一步宣布包括德語、韓語、俄語、日語、法語和中文都可以進入小學一、二年級的選修課程。儘管官方早已有以上規畫，但國小與國高中真正將中文納入正式選修課程，則是從 2022 年才開始。

雖然目前開設中文課程的國小與國高中仍不多，但在越南政策的推動下，許多重視教育的家長也開始讓孩子在小學階段就同時學習中文和英文兩種外語。住在越南的臺灣人，常笑說在外面不能用中文說人壞話，因為有很大的機率會碰到懂中文的越南人，在未來這個機率只會越來越高。

粽香飄年節
越南人春節這樣過

劉俐

　　農曆春節是漢儒文化圈共有的重要節日，在越南也是如此。不一樣的是，越南的春節期間是從農曆十二月二十三日的灶神節（Táo Quân）開始算起，直到正月十五元宵節才算正式結束。灶神節又俗稱小年節，在這一天家家戶戶會準備糕點、糖果和茶水，購買活的鯉魚來祭拜灶神。待祭祀結束會將鯉魚帶到河邊放生。越南人認為鯉魚是龍的化身，也是灶神的坐騎，為了讓灶王順利返回天庭，因此趕在祭祀結束時放生。灶神節過後，民眾會開始採買年節用品，打掃家戶，這些跟臺灣的習慣一樣。

　　除夕那天要祭祖，最重要的東西就是五果盤，五種水果中不可更換的是木瓜、香蕉和柚子，其餘可以替換。有些家庭會買刻有吉祥話的瘦長西瓜，放在五果盤兩側，也有人是用刻有吉祥話的椰子放在兩側。在忙完一天的活後，全家人終於能坐下來好好享用年夜飯。年夜飯的菜色通常是白斬雞、糯米飯、炸春捲、酸肉（Nem Chua）、扎肉（Giò）與粽子。聚在一起享用年夜飯時，大伙兒會觀看短劇《灶君的

過年辦年貨，
可以找到各式各樣
春節裝飾，
過年的氣氛很濃。

越南的過年從
灶神節開始，民眾會
帶著鯉魚到河邊放生，
祈求灶神返回天庭時
幫忙說好話。

第一部／在越南的生活日常　**043**

故事：年末相見》（Gặp nhau cuối năm），就像是日本紅白歌唱大賽一樣，每年都要收看。短劇內容是灶王爺回天庭後講述人間的種種，內容是諷刺詼諧的喜劇，也圍繞著一年來發生的大事件。越南朋友都會說，要是除夕夜不看這檔節目，感覺這一年就結束得不夠完美。

　　在越南春節的餐桌上會看到粽子，這和華人社會的習慣非常不一樣。在越南有正方形和圓形的粽子。粽葉採用芭蕉葉象徵綠色大地，內有糯米、豬肉、豆沙，象徵天地萬物。每個家庭在除夕日早上便開始包粽子，包好的粽子看數量多寡，大概要煮十個小時才能煮透。聽許多越南學生說，大年初一當天總是在粽葉的香味中甦醒，這種味道是對兒時、對

越南過年吃粽子，形狀和我們常吃的不一樣。

> 插花在越南春節是十分重要的一環,在北部大家會買桃花擺飾。

家鄉的特別回憶。此外,插花也是越南春節十分重要的一環。在北部大家會買桃花在家中擺飾,在南部,因為氣候四季如夏,種不出桃花,因而使用黃梅花裝飾,有些地方還會用上杏枝。

　　因為越南的春節有些習俗跟華人不一樣,若在越南過節的話,需要特別注意。大年初一當天,「沖家」之人非常重要。所謂「沖家」就是第一個到訪的客人,此人必須是「全福人」,比如擁有社會地位、家庭和樂、子孫滿堂等帶有傳統福氣意象的人。所以要是有機會在越南過春節的話,大年初一千萬不要隨便到當地人家裡拜年喔!可以先通知主人,看他們怎麼安排拜年時間即可。

第二部
傳統和潮流美食

歐巴馬套餐
全球最火紅的烤肉米線代言人

劉俐

　　行車經過越南街頭巷尾，常會看到有人在路邊烤肉，一個小小的烤台，在清晨、正中午、傍晚抑或夜晚，香氣四溢。那就是 2016 年突然在國際爆紅的烤肉米線 Bún chả。許多人坐在矮凳上享用，一盤米線、一碗肉湯、一大籃生菜，一整份享用下來既填飽肚子又簡單清爽。

　　講到越南美食，第一個映入腦海的是河粉，但在 2016 年五月，美國前總統歐巴馬造訪越南後，烤肉米線像是推開了國門，讓世界看到越南。另一位與歐巴馬一起吃晚餐的已故美食家安東尼波登（Anthony Bourdain），才是真正懂烤肉米線的專家，在他的節目中介紹了這道美食，讓世界認識了它和越南。懂吃的波登選了香蓮這家店，也是河內的知名老店。

　　烤肉米線這道菜好不好吃要看兩大重點：湯頭、烤肉。就如河粉一樣，湯頭各家店都有自己的特色，米線則依個人需求加入湯汁裡；烤肉則要看火候。烤肉有兩種，一種是豬肉塊，一種是豬肉片，香蓮這家老店兩種都有，有些店家只

國際爆紅的越南美食
烤肉米線。

第二部／傳統和潮流美食

有烤肉塊而沒有肉片。沒有一定標準，只關乎個人喜好。

香蓮在兩大名人造訪後，立刻聲名大噪。店家後來改了菜單，特別推出「歐巴馬套餐」──烤肉米線、炸春捲與一瓶啤酒，顯目地放在菜單最上排。另外，他們坐過的位子也用壓克力板框住，不再讓其他顧客坐了。牆上掛著當時的照片，這也使得香蓮後來變成觀光客遊河內指定的景點之一。香蓮在2023年獲得米其林必比登推薦，除了烤肉米線外，烤肉串也是大受推崇。其實烤肉米線隨處可見，更道地的吃法是坐在路邊藍色的塑膠矮凳享用。另外，關於歐巴馬和

道地的吃法，是坐在路邊藍色的塑膠矮凳享用烤肉米線。

波登，以及當時店內的客人，也有一些有趣的傳言：那天店裡的客人都是安排好的維安人員，沒有真正的客人。因為從當時乾淨整潔的店面、客人體格來看，都和日常景象格格不入。

但不管怎麼樣，歐巴馬的訪越行程選擇了貼近民生的平價小吃，這一舉動不僅拉近了越南與美國的距離，也打破了越戰後長時間的隔閡。看得出來他的幕僚做足了功課，讓2016年這次的訪問成為一段美食與外交完美結合的佳話，也讓越南的烤肉米線自此登上國際視野。

歐巴馬和安東尼波登當時吃的就是這套烤肉米線。

歐巴馬和安東尼波登坐過的位子被店家用壓克力板框住，不再讓其他顧客坐了。

第二部／傳統和潮流美食

收錄在英文辭典的美食
河粉和越式法國麵包

張瑜倫

　　越南人對越南菜非常自豪，而好吃的越南菜除了臺灣人喜歡，也幾乎收服了所有外國人的胃。在歐美國家，越南餐廳不難找，其中多半的饕客都非越南裔。在歐美國家的越南餐廳菜單上，常常直接寫著 Pho（河粉）、Banh Mi（越式法國麵包）和 Nem（越式春捲），沒有任何當地語言翻譯，這是中式春捲都沒有的「殊榮」啊！不過，畢竟 Pho 和 Banh Mi 都被收錄在權威英文辭典裡了。

　　最早把越南飲食推廣到西方國家的，是越戰時期的越南移民。這些移民帶著自己的家鄉味飄洋過海，是思鄉之情，也是為了生計。當我在歐洲旅行時，常常驚訝於即使是偏僻的東歐小鎮，也看得到越南餐廳或雜貨店。隨著美味的越南菜國際化，它不再只是越僑海外的生存利器，這幾年開始有越南本土餐飲店到海外開設分店了。

　　目前在越南北中南超過六十家分店的共咖啡（Cộng Cà Phê），每家分店的設計都不盡相同。濃厚的越南懷舊風、強烈的共產色彩，處處充滿設計感的細節，深受越南年輕人

澳洲的越南河粉餐廳Pholklore，後面的人臉PHO招牌太可愛了！（闕煜軒提供）

在法國巴黎也可以見到越南路邊攤的桌椅。（劉靜芯提供）

共咖啡進軍國際。

臺北的共咖啡週末常常大排長龍。

第二部／傳統和潮流美食　053

和外國觀光客喜愛。共咖啡從 2018 年開始陸續在韓國、馬來西亞、菲律賓和加拿大設分店。2024 年共咖啡在臺北開了第一家臺灣分店。

除了咖啡店以外，從西貢發跡的 Pho24 在多年前就已經走出越南，進軍國際；被許多西貢人推崇的錦麗河粉（phở lệ）在香港也開了好多年。接下來要提到的這兩家小餐廳也不簡單，不起眼的店面，卻總是座無虛席，這幾年也到外國展店了。這兩家小餐廳就是會安的 Bánh Mì Phượng 和河內的 Phở Thìn。

Bánh Mì Phượng 是已故美食大廚安東尼波登大力推薦的越式法國麵包餐廳，被許多部落客稱讚是全世界最好吃的越式法國麵包。現在不只在會安，在韓國首爾也吃得到了。河內四十年河粉老店 Phở Thìn 的第一家海外分店開在日本東京。緣起於 2015 年，一個到越南出差的日本人愛上了 Phở Thìn 的牛肉河粉，使出渾身解數讓已拒絕過無數人的老闆 Thìn 先生，終於答應讓他在海外開分店。非常用心的 Thìn 先生和日本先生就開始在日本、越南兩邊跑，確認日本有無 Phở Thìn 需要的食材、市場調查、學習做河粉，終於在 2019 年 3 月於東京營業，每天都有幾百位客人慕名而來，品嚐來自河內的牛肉河粉。除了在河內及東京，目前印尼、中國及澳洲都吃得到 Phở Thìn 了。

對於自家食物揚名海外，越南人自然樂見，但要是有人批評越南菜，越南人則會難以接受。新冠疫情蔓延期間，在越南隔離的韓國人就批評了越南政府提供的早餐——越南國菜 Bánh Mì（越式法國麵包）——就被群情激憤的越南網友砲轟，甚至導致越南社會短時間內湧現反韓情緒。

會安的 Bánh Mì Phượng 和河內的 Phở Thìn 大受當地人及外國遊客歡迎。

Phở Thìn 的牛肉做法不同於其他河粉店，是香氣十足的炒牛肉，大量的蔥也是其河粉的一大特色。

第二部／傳統和潮流美食　055

路邊的米其林
接地氣的人間美味

張瑜倫

　　提到米其林餐廳時，你想到什麼？奢華裝潢？燈光美氣氛佳？大大的盤子中間擺著份量不多但精緻的美食？在越南，有些米其林餐廳或許不太符合你的想像，但卻有著當地人最推薦的道地美食。

　　不起眼的小店，客人卻絡繹不絕，店裡店外都坐滿著人，在艷陽下揮汗吃著一碗河粉、一碗米線或是一碗廣南麵。斑駁的牆上貼著大大的米其林認證貼紙，這是你在越南北中南三大城市常會看到的米其林餐廳。

　　越南米其林餐廳目前的範圍僅限於河內、峴港和胡志明市。三個地區的經典美食都紛紛上榜，像是河內的河粉、峴港的廣南麵，和胡志明市的烤豬排碎米飯，提供旅客非常道地的選擇指南，不過，米其林指南做得更道地的部分，是將當地人愛吃的小餐館都納入了，讓外地人也有機會品嚐這些不拘泥於形式的美食。

　　這些「路邊的米其林」通常專注於一、兩道料理，有著數十年如一日的手藝和堅持。位於胡志明市十郡的 Ba Ghiền

在艷陽下揮汗享受美食，斑駁的牆上貼著大大的米其林認證貼紙，這就是越南路邊攤米其林的魅力。

第二部／傳統和潮流美食　057

烤豬排碎米飯以大塊好吃豬排聞名，配上在過去是窮苦人家吃的廉價破碎米，今日成為充滿回憶的南方特色料理。三十年歷史的餐廳已輪到第二代經營，評價極高，雖然不乏覺得坐在戶外吃飯好熱的評價，但都稱讚非常值得一訪。位於河內古街區的 Khôi Hói 河粉（Phở Khôi Hói），是一家室內戶外都高朋滿座的河粉老店，濃醇的湯頭讓其在河粉店遍布的河內，擁有非常多忠實支持者。專賣越南北方經典小吃豬肉腸粉（Bánh Cuốn）的店 Bánh Cuốn Bà Xuân，每次去吃都覺得它的生意越來越好，因為客人已經從店裡「漫出」到店外人行道了，而且人行道的座位還逐漸擴張中。不過，撒上油蔥酥的嫩滑腸粉沾著清爽解膩的魚露一起吃，確實是一道好吃到不會考慮用餐環境的厲害料理。

　　好的用餐體驗固然重要，越南也有不少拿星餐廳。然而這些「路邊的米其林」雖然拿不了星，僅被列在「出色烹調」或「高品質且經濟實惠的美食」名單，但與當地人肩並肩坐著，聽著店裡小弟此起彼落確認餐點的招呼聲，看著路上充滿生氣的景色，享用著傳承多年的頂級美味，這不也是越南獨特的用餐體驗？

Ba Ghiền 烤豬排碎米飯。濃濃炭香味的烤豬排碎米飯是越南南部經典菜餚。

Bánh Cuốn Bà Xuân 的豬肉腸粉，粉皮滑嫩得讓越南老饕都驚豔不已。

第二部／傳統和潮流美食

清爽健康的飲食
離不開大量生菜和水果的日常生活

劉俐

講到越南菜的特色，大家對它的第一印象都是清爽無負擔，但越南的家常菜也有如鯉魚鍋、紅燒肉這種重口味的菜餚；街頭小吃也有炸地瓜餅、枕頭餅這類油膩的點心。越南人吃得非常健康，重視濃淡平衡，這也是當地人身材穠纖合度的原因。

在越南大家會吃大量的生菜，點了河粉、烤肉米線還會附上一大盆羅勒、九層塔、紫蘇等生菜。重口味的菜餚，都會搭配酸甜的醬料，或小菜如醃茄子來平衡味蕾，餐桌上也會有一、兩道生菜，常見的有黃瓜切片、紅蘿蔔切條，都可以直接吃。油炸的點心則會配上清香的蓮花茶，沖淡油膩感。

越南人也很喜歡吃水果，將水果拿來製作蛋糕、飲料，都十分常見。在珍珠奶茶尚未大舉登陸越南前，水果冰（Hoa quả dầm）是人們相聚時最經濟實惠的飲品。一杯水果冰裡，會放入西瓜、葡萄、黃芒果（xoài chín 越南人常吃的還有青芒果）、火龍果、波羅蜜、優格、碎冰與椰奶。有

生菜和水果越南飲食中常見的食物，果汁攤也強調無加糖，清爽無負擔。

水果冰也是當地人和外國遊客聚會時最經濟又實惠的甜點。

第二部／傳統和潮流美食　061

些家庭也會自製酸辣醃漬水果，像是青芒果和李子。

他們喜歡吃原型食物，所以蛋糕上或是飲料裡不僅僅只有水果的味道，而是食物的原型。當地有名的連鎖飲料店KATINAT，珍珠配料雖然很受歡迎，但走在飲料時尚尖端的他們，還推出了紅毛丹奶茶，放入大顆飽滿的紅毛丹，以健康做為賣點，讓消費者拿著美麗的杯子邊走邊喝，附上一根湯匙，就是時尚的象徵。很多年輕人都會特別買一杯拍

以水果醋為湯底的火鍋，湯頭很清爽，調和了肉的油膩感。

照貼在 Instagram 上。在首都還有間主打健康的火鍋店，首次以水果醋做為湯底，湯頭非常清爽，酸度也可以依喜好調整。店內提供的其他湯底還有荔枝醋、山楂醋、青蘋果醋、梅子醋、綠茶醋等，是第一家以果醋為主角的火鍋店。

　　十幾年前，我的越南同事會在下午茶時間端出一盤切好的水果，像是青木瓜、鳳梨，或者切成長條的紅蘿蔔和小黃瓜。十幾年後，雖然有了琳瑯滿目的餐飲商品可供選擇，但他們吃得健康的本質不曾變過。果汁店也是越南人相聚的場所，也有一群人衷於室外的果汁店，夜晚跟三五好友坐在矮板凳上喝果汁聊天。也有一群人會從中尋找更多有趣、時尚的飲食。現在年輕人養生的同時，也重視包裝設計，廠商也會花更多心力在行銷上，以吸引更多消費者。

老咖啡新創意
鹽咖啡、椰子咖啡和拉花蛋咖啡

劉俐

越南咖啡味道香醇濃厚，沖泡時使用滴滴壺，這就是越南咖啡的特色。傳統咖啡店或路邊小攤，賣的咖啡非常簡單，品項也不多，越南黑咖啡（Cà phê đen）和煉乳咖啡（Cà phê sữa，「奶咖啡」的意思，這裡的奶是指煉乳）是男女老少的日常選擇。現在年輕人追求時尚有趣，喝咖啡時不僅會選裝潢時尚的咖啡廳，而且咖啡上桌時還要能拍出一張漂亮的照片。

近期全國流行的鹽咖啡（Cà phê muối），是越南中部城市順化的特色咖啡。這款咖啡 2023 年爆紅後，幾乎所有咖啡店都將它加入菜單。在河內有些新開的店就直接以「鹽咖啡」做為店名。鹽咖啡是以越南最大咖啡供應商，中原咖啡的羅布斯塔為基底。若覺得傳統黑咖啡味道太強烈、煉乳咖啡太甜膩，就可以試試這種鹽咖啡。它保留了傳統黑咖啡的苦澀味，又不會太甜，因為加了鹽巴，讓咖啡味道層次更分明。但建議要喝正常冰，才不會太過苦澀。

越南夏天消暑的飲品種類很多，而其中流行好幾年的椰

從中部城市順化發展到全國的鹽咖啡,於 2023 年迅速在各個城市蔓延。有的咖啡廳原本就有鹽咖啡,現在則變成主打或是專賣店了。

胡志明市的「咖啡公寓」,裡面的咖啡廳都各具風格,屬於獨立且小眾品味。

第二部／傳統和潮流美食　065

子咖啡（Cà phê dừa），天氣熱時處處都是它的身影，椰子咖啡冰沙更是人手一杯。椰子本身可消暑去火，盛產椰子的越南自然有很多椰子甜品。椰子咖啡是黑咖啡加上煉乳和椰奶調味，一定要冰冰地喝，才能完美調和咖啡、煉乳和椰奶的比例。講究一點的，還會在咖啡上加點巧思，以烤過的椰子片或椰絲裝飾。相較於曾經流行過的酪梨咖啡，椰子咖啡更被大家喜愛。

　　最後，還有一種道地的越南咖啡做法：蛋咖啡。蛋咖啡被認為是老河內人的咖啡，1946 年由在索菲特大都市飯店工作的酒保阮文獎（Nguyễn Văn Giảng）突發奇想製作出來。以前沒有攪拌機，蛋咖啡需要手打蛋液使其發泡，需花上二、三十分鐘，才會打出濃稠的泡沫。蛋咖啡上面那一層，喝起來猶如舒芙蕾般綿密且鬆軟，也有人說像提拉米蘇。現在新潮的喝法，是利用泡沫的濃稠特性，在杯面上拉花，因為蛋咖啡有 90% 都是濃稠的泡沫，更不易散掉。有些厲害的咖啡師還會依照客人的樣貌拉花，讓許多客人驚喜連連。

　　越南人喝咖啡，不是為了提神，更多的是為了交際。因此，每隔幾年就有新的飲品寵兒。然而仔細一瞧，不管市場風潮如何改變，經過歲月的洗禮，刻印在越南人心中的咖啡，還是那些最古老、最簡單的咖啡。在多樂省（Đắk Lắk）邦美屬市有一座世界咖啡博物館，其中特別介紹了越

南的咖啡文化，如果到西原地區旅遊，可以前往探究越南的咖啡精神。

越南很流行的椰子咖啡冰沙。

蛋咖啡的蛋液要打到起泡，綿密程度喝起來就像在吃提拉米蘇。

咖啡廳不時推出特色飲品以吸引消費者。這一杯拿鐵的拉花就是我本人。

第二部／傳統和潮流美食　067

珍珠奶茶就是一餐
越南年輕人的飲料文化

張瑜倫

　　手搖飲在 2010 年以前就進入越南市場，由珍珠奶茶打頭陣。2010 年以後，開始出現有規模的連鎖手搖飲店，後來價格高昂的精緻手搖飲也發展了起來，在一碗河粉和一盤炒飯都約五、六十塊臺幣的越南大城市，一杯精緻手搖飲的價格有時候高達八、九十塊臺幣，但仍然大受越南年輕人的歡迎。

　　紅了十幾年的手搖飲，從珍珠奶茶到黑糖珍珠奶茶，再到奶蓋茶，如今每家店都有不同的招牌飲品。越南的手搖飲文化蓬勃發展，其中不得不提到臺灣的影響。越南主打珍珠奶茶的店，常見到斗大招牌上標明著「臺灣珍珠奶茶（Trà sữa trân châu Đài Loan）」，鼎茶、貢茶、鹿角巷、歇腳亭、老虎堂、一芳等臺灣品牌紛紛進駐越南，且每每總能帶來一股風潮。現在的甜度、冰塊的調整也很臺灣化，遙記十年前越南的奶茶每杯都是甜滋滋的，讓來自「手搖飲總部」臺灣的我嫌棄到不行。另外，臺灣的「超大杯」手搖飲在這幾年也成功打入越南市場。越南的手搖飲一般比臺灣的

臺灣五十嵐飄洋過海到越南,越南品牌名叫 KOI Thé。

鹿角巷在越南是高價位奶茶,一杯約一百塊臺幣,但高品質奶茶的形象讓它在越南手搖飲市場屹立不搖。

第二部／傳統和潮流美食　069

小杯，越南的大杯等同於臺灣的中杯，因此過去在臺灣跟越南學生去喝手搖飲的時候，學生常要求兩人喝一杯，說是喝不完。現在越南已經可以看到超大杯紅茶的蹤跡了。

越南大城市裡幾乎每個月都有新的手搖飲品牌推出，有臺灣的，有中國的，也有越南本土品牌。這些品牌不斷推出各種創新口味的飲品，吸引年輕人的注意，加上外送平台 Grab 和 ShopeeFood 的外送費低，促銷期間有時還免運費，大大提升了手搖飲的購買力。這些手搖飲不僅滿足了年輕人對新奇口味的追求，也成為他們社交生活的一部分，跟室友或辦公室同事約著一起訂飲料的文化也在越南興起了。

當喝手搖飲變成生活常態，對於還在大學就讀的學生和剛出社會的新鮮人來說，一杯七、八十臺幣的精緻手搖飲也算是一種經濟負擔。因此，就出現一些年輕人以奶茶代飯，拿買飯的錢去買手搖飲的現象。我辦公室的越南年輕雇員，常常就是用一杯手搖飲取代午餐，他們的解釋是喝手搖飲又開心又有飽足感，何必吃飯呢？

越南本土連鎖手搖飲 Phê La，大受年輕人歡迎，假日店裡店外都擠得水洩不通。

越南航空也趕上手搖飲熱。

相約叫奶茶外送，也成了越南上班族的日常。

第二部／傳統和潮流美食　071

第三部
好玩又有趣的越南

從自助到精緻的旅遊體驗
正在崛起和改變的亞洲旅遊大國

張瑜倫

擁有豐富歷史文化、消費又便宜的東南亞，是西方年輕人 Gap Year（指有空檔的一年）最愛的目的地之一，而越南是這些年輕背包客必訪之地。在河內和胡志明市的街頭，隨處可見揹著碩大登山包的背包客，而觀光區的小販則用著簡單的英文招攬生意，有備而來的旅客雖然會認真殺價，多半還是會買貴了。也有許多沒騎過機車、八成也沒國際駕照的西方背包客，租下一天不到八塊美金的打檔車，就穿越大半越南。

越南每年外國觀光客人數約為臺灣的兩倍，吸引這些旅客來到越南的原因，除了低消費外，越南的歷史背景和令人印象深刻的文化，都是讓這些外國旅客即使不去其他東南亞國家，也一定要來越南的原因。越戰和法國殖民的歷史，讓西方人對越南有著一股特殊情懷，戰爭博物館和古芝地道等歷史遺跡，都是西方觀光客熱門景點，法國殖民時期留下的建築，也被列在旅遊越南必去之處。

越南的文化特色也吸引了對這遙遠東方國度好奇的西方

河內的
雙層觀光巴士。

西方背包客在路邊等著
長途巴士接送到
越南其他省分景點。

第三部／好玩又有趣的越南

人。奧黛、河粉、越南法國麵包、滴滴壺咖啡、下龍灣，人們想到越南時，腦袋裡一定會立刻浮出這些景象。長久以來，為了逃離戰爭或尋找更好的工作機會，很多越南人移居到外國，而這些越僑也將越南文化帶到了移居地，並努力維持和發揚。我一位計畫到東南亞旅行的美國朋友，因為時間不足的緣故，他必須在河內和柬埔寨吳哥窟兩者間做抉擇，我毫不猶豫建議他去東南亞最偉大的文化遺產建築吳哥窟，

乘坐人力三輪車遊古街，是相當受外國觀光客歡迎的行程。

但美國友人最終選擇了河內，說是就想坐在路邊小凳子吃碗道地的河粉。

這幾年，西方觀光客有增無減，亞洲觀光客也與日俱增。相較於過去幾乎只有跟團的旅行模式，近年有越來越多亞洲人到越南自助旅行，使得觀光區的小販興起一股學中文、韓文的風潮，而亞洲旅客的不同需求也逐漸改變越南的旅遊市場。比起西方背包客，亞洲旅客對旅遊品質有更高的要求，此外亞洲文化的相似度高，亞洲旅客來到越南自然希望體會到和自己國家不同的體驗，迫使越南的觀光發展從戰爭、殖民歷史和自然風景的吃老本方式，到現在必須開始積極經營新的樣態。

線上辦理電子簽證、開發更多航線及觀光景點、便捷旅遊手機 APP、觀光巴士等，都帶給越南觀光業新氣象。旅遊精緻化讓旅客有更多的選項，也讓越南不再只是西方背包客的天堂，而進一步成為亞洲旅遊大國。

胡志明市近郊的古芝地道，充滿越戰時期留下的遺跡，鑽入當時越南士兵躲藏的地道是許多旅客都會有的體驗。

越南小歐洲
最多人想前往的音樂城市

張瑜倫

　　每到連假前，越南媒體就會整理出搜尋度最高的旅遊地點，而位於中南部的大勒幾乎都居於國內旅遊搜尋榜首。除了旅遊外，大勒也是很多越南人的夢想居住城市，排名僅次於大城市胡志明市、河內和峴港。這個小小城市到底有什麼魔力，讓越南人趨之若鶩呢？

　　大勒被越南人稱作「花之城（Thành phố ngàn hoa）」或「夢幻之城（Thành phố mộng mơ）」，因為地勢高，氣候涼爽宜人，四季都有滿城鮮花，是炎熱的越南中南部少見的避暑勝地。而且大勒在法國殖民時期，就已經是法國人的避暑度假城市了，至今仍留有許多法式別墅和教堂，甚至城市的規畫都充滿歐洲風情，也難怪被很多外國媒體稱作「越南小歐洲」。

　　這座山城因其風景優美，加上寧靜、浪漫氛圍，吸引許多人到此旅遊。很多情侶也會選擇到大勒拍婚紗照，大勒也因為四季皆有不同的美景，成為越南許多歌手的熱門MV取景地。這幾年，到大勒進行「音樂旅遊（Music tourism）」

有越南小歐洲美譽的大勒。由於氣候宜人，適合花卉生長，因此來到大勒必做清單之一：逛花市，採買新鮮又平價的美麗花束。

第三部／好玩又有趣的越南　079

大勒有許多被大自然環繞的文青咖啡館。

越來越盛行，Lululola Coffee+ 和 Mây Lang Thang 都是大勒相當著名的露天音樂咖啡廳，許多年輕越南歌手都會到此舉辦小型演唱會，雖然規模不大，但常常一票難求。眾多音樂愛好者不遠千里而來，在這個美麗的山城，伴著徐徐晚風，享受美好的音樂。

大勒在 2023 年被聯合國教科文組織（UNESCO）列入創意音樂城市（Creative Cities Network），因此促進了更多國際交流機會。而從 2022 年開始舉辦的 Da Lat music night run，結合音樂與旅遊的夜間路跑活動，更是吸引每年數千人參加。沿著大勒市中心的春香湖（Hồ Xuân Hương）路跑，沿途設有多個音樂舞台，讓參與者在奔跑的同時享受現場音樂表演，這對路跑愛好者來說也是相當獨特的體驗。

音樂旅行產業正在將大勒打造成一座文青之城，這份獨特的氛圍從踏出機場的那一刻便迎面而來。機場外的文青咖啡廳以森林系風格營造出一種讓人放鬆的氛圍，使旅客在踏上這片土地的瞬間，就能感受到悠閒與自在，而正是這種鬆弛感，不斷吸引著旅客重返大勒。

越夜越熱鬧
河內和胡志明市的夜生活

張瑜倫

　　提到東南亞的夜生活，大家一定會想到曼谷，特別是聚集大量西方背包客的考山路（Khao San Road）。夜市、美食、青年旅館、酒吧，甚至通往各城市的巴士，這裡通通都有。胡志明市和河內近年來也發展出類似的背包客夜生活聚集地，融合越南特色與多元娛樂，而且越夜越熱鬧。

　　常被稱為「越南的考山路」的胡志明市范五老街（Phạm Ngũ Lão）是一條充滿青年旅館、旅行社和餐廳的街道，而緊鄰的裴援街（Bùi Viện），更是一到夜晚就變成一條燈火通明、音樂震天、擠滿遊客的夜生活聖地。你可以選擇走進讓人血液沸騰的夜店，一家接一家地徹夜狂歡，也可以選擇坐在路邊的小塑膠椅上，幾口冰涼的西貢啤酒下肚，悠閒地欣賞來往人潮，愜意消暑。大街上以美女猛男、勁歌熱舞來吸引客人進酒吧消費，絕對是裴援街一大特色，也是較為保守的越南難得一見的景象。即使到了半夜兩點，這裡依然人聲鼎沸、熱鬧非凡，無論是想投入狂歡，還是單純感受熱鬧氛圍，裴援街都能帶來獨特的越南夜生活體驗。

裴援街上的舞者隨著音樂搖擺舞動，賣力招攬客人，這裡是外國旅客絕對不會錯過的熱鬧夜生活。

第三部／好玩又有趣的越南　083

相較於胡志明市，河內的夜生活雖然少了一份狂野，卻多了更具在地風情的夜晚體驗。如果說裴援街是一場無止境的派對，那麼河內的謝現街（Tạ Hiện）則更像是一場熱鬧的街頭聚會。作為河內三十六古街之一的謝現街，白天是一條充滿文青咖啡館和小店的寧靜街道，到了晚上，就搖身一變成為河內著名的「啤酒街」，吸引大量河內年輕人與國際

白天寧靜的河內謝現街，夜晚化身為人聲鼎沸、座無虛席的街頭啤酒盛宴。

旅客來喝一杯。沒有誇張的霓虹燈，也沒有高級夜店，取而代之的是一杯只需要十幾塊臺幣的生啤酒、布滿小塑膠椅的擁擠街道，以及笑聲此起彼落的矮酒桌，偶爾還會響起街頭音樂。在這條超過兩百年歷史的古街裡，和來自不同地方的人肩並肩坐在一起喝啤酒，微醺之際，有一種時光交錯的錯覺。

白天的謝現街安靜迷人，是許多攝影者取景的熱門地點。

美容美髮服務
是養生也是一種聚會方式

劉俐

　　現代人工作和生活壓力大，多會選擇按摩來放鬆。按摩是一種保健方式，特別是在繁忙的城市，如河內和胡志明市，按摩也是朋友聚會的活動之一。現在越南大部分的按摩店都非常精緻，富麗堂皇，採用上等草藥或精油，一分價錢一分服務。也有很多店是專門給外國人去消費的，本地人幾乎不會去。

　　而當地人理想的按摩方式，最常見的就是「養生洗頭（Gội đầu dưỡng sinh）」。雖說是「洗髮」，但卻不僅僅只有清洗頭髮而已。一般美容院的洗頭價格約三萬到五萬越盾（約三十五至六十元臺幣），若用更好的洗髮精大概十萬越盾。而養生洗頭的價位在十五萬到三十萬越盾之間，重視的是頭部紓壓，洗頭髮只是整套按摩的其中一道步驟。養生洗頭會用中藥、草藥等天然藥材護理頭皮、頭髮和身體。店內點上薰香，氛圍環境好，能讓顧客徹底放鬆。

　　在臺灣見到的越式洗髮，在越南稱之為帝王洗髮或皇室洗髮（Gội đầu hoàng gia），是升了級的養生洗髮，設備、

越南常見的一般養生洗髮店。

胡志明市一郡具規模的洗髮按摩店，服務與設備都升級。

一般美容院會附帶簡單的按摩，如果加錢可以選擇附加服務，比如按摩時間長一點、使用的洗髮精品質更好，或是敷臉。

第三部／好玩又有趣的越南　087

價格、服務都升級，在越南反而不常見。帝王洗髮有張按摩床，將頭部的枕頭部分移開，底下就是清洗槽，有一條洗頭專用的半圓形花灑水管。整個流程包含卸妝、洗臉、聞香、肩頸按摩、手腳指甲修剪、洗頭與敷臉。還可加選半身或全身按摩。這種按摩在胡志明市和峴港才有，河內則是韓國人經營為主，或是一些高級度假村偶爾會看到。

　　臺灣這幾年興起的越式洗髮店，店員都穿著短裙，導致有些人會誤會它的純正性，但在越南真正的養生洗髮店可是廣大女性朋友的愛店，有時親朋好友聚會也會選擇去洗髮。鄉間的養生洗髮店大約臺幣三百元左右，大城市大約臺幣八百。洗髮服務結束後，都可以在店內的休息室休息一下，整理好妝髮再離開。

臺灣的越式洗髮在越南叫做帝王洗髮，在越南反而不常見。

在越南還有很特別的理容項目。臺灣有挽面，越南也有挽面，除了處理面部的細毛外，也有拔眉毛、拔白頭髮的服務。這種服務有專門店，費用大約十萬到二十萬越盾（約臺幣一百二至二百三元）。現在也有專門服務男性的理容店，然而大部分男性還是習慣在路邊的樹下理髮。

越南女性非常重視儀容打理，除了服飾、頭髮保養外，護膚美容也占有一席之地。這樣的審美文化也延伸到海外，許多越南女性即使移居國外，依然選擇在美容美髮領域發展。原因包括技術門檻低、創業成本小、語言要求低等，有利於快速展開生計，也容易累積固定客群。這樣的趨勢，不僅展現出越南女性對美的堅持，也體現出她們在異地開創生活的堅韌與靈活。

至今越南多數男性還是習慣在街邊理髮理容。

精心擺置的水果拼盤
節慶、日常生活、約會都充滿了儀式感

張瑜倫

越南人過中秋節,也過農曆新年,雖然與我們的慶祝方式略有不同,但整體上大同小異,要說最不同之處,就是越南過節氣氛很濃厚。

越南人對節日慶祝的準備是相當認真的。離中秋節還有一個月,月餅攤就已隨處可見,月餅盒爭奇鬥艷:有機關的、發出音樂的、可當化妝盒使用的,每個都是驚喜盒,當然價格也是相當驚人。

而農曆新年作為最重要的節日,人們通常提前一個月便開始準備:大掃除、購買桃花、梅花或金桔樹來裝飾家裡,然後就是上街購物,與親朋好友聚餐吃尾牙,鄰近春節就是越南大城市的交通黑暗期。在春節期間,守歲、到廟宇祭拜和拜年等習俗,越南人都會做好做滿。相較於臺灣近年來過年習俗逐漸簡化,越南的農曆新年仍保有滿滿的年味。

除了對節日的重視外,越南人在生活中也充滿了儀式感。越南街頭常見花店,更不乏騎著腳踏車賣花的小販,因為買花、送花已成為越南人的生活習慣。無論是生日、婦女

漂亮到吃完月餅了都捨不得丟掉的月餅盒。

越南人對於祭拜的水果也會認真擺盤。梅花也是春節前後祭拜不可少的。

第三部／好玩又有趣的越南　091

節、教師節,甚至在平日,越南人都會買束花回家擺設。他們認為,花能增添氛圍,並傳遞美好的祝福。

　　此外,越南人的儀式感也表現在水果的擺盤上。當你到越南人家作客,一定會驚嘆他們的水果拼盤:切片整齊、配色和諧,每一盤水果都精心裝點,力求賞心悅目。這種精心的擺盤讓賓客感受到被重視,也展現出越南人對生活的講究與儀式感。

　　穿著奧黛上教堂的虔誠老婦人,假日裡跟朋友相約去新開咖啡館的年輕人,宴客時滿場敬酒寒暄、努力盡地主之誼的男人,以及生日總有派對的孩子們,這些日常中的儀式感,使越南的生活顯得豐富且充滿溫度。

不論年紀,越南女生出遊總是有備而來,為了拍照好看而分配穿不同顏色的衣服是常有的事。

穿著傳統奧黛前往教堂的婦人，展現對宗教儀式的尊重與虔誠。

帶著女兒上街慶祝越南重要節日的越南父親。

第三部／好玩又有趣的越南　093

你的中秋不是我的中秋
大異其趣的同名越南節日

劉俐

　　越南有些節日名稱跟漢儒文化圈一樣，但節日內涵卻不一樣。其中最特別的是中秋節（Tết Trung Thu），這一天雖然不放假，卻是充滿童趣的節日。越南的中秋節也有吃月餅賞月的習俗，除此之外，中秋節也是另一個兒童節（六月一日為國際兒童節）和元宵節的重要日子。當天爸爸媽媽一定會帶孩子出去走走，為孩子買上一支五角星燈籠，也有孩子會戴上可愛的動物面具，手提燈籠。有些家庭還維持著手作燈籠的傳統，也有少數人會自己做玩具。

　　為什麼越南人中秋節要提燈籠？中秋節在八世紀始於中國並傳入越南，在法國殖民時期，法國政府為防止越南人藉著慶祝中秋，而爆發革命活動，因而禁止大人的舞龍舞獅及各項活動，只准許兒童參與慶祝活動。因此中秋節便成了越南的兒童節，每年農曆八月十五孩子們都會吃月餅，拿著燈籠出門去慶祝屬於他們的節日。

　　雖說這天是兒童節，但也是家人凝聚情感的重要日子。在中部的城市會安，每逢初一、十五的放水燈活動，在中秋

越南的中秋節也是兒童節,當天爸爸媽媽一定會帶孩子出去走走,買上一支燈籠。

第三部/好玩又有趣的越南

節這一天會擴大舉行，整個小鎮的水面被順水漂流的水燈點綴，期許心上念想的人平安健康，讓古色古香的舊城蕩漾著溫馨安詳的浪漫情懷。清化以北的城市，則保留了唱軍鼓調的傳統，每到中秋節這一天，男女雙方各組一隊，手持鼓樂和唱，兩隊以歌唱問答的形式你來我往。北寧省裴社村致力保留這項傳統傳承，期望未來年輕人可以將越南的傳統藝術與文化發揚光大。

　　春節、元宵與中秋是重要的節日，端午節、清明節則是節氣。對越南人來說還有更重要的節日──農曆三月十日雄王節、四月三十日解放日，以及九月二日國慶日，這三個節日都是國定假日，對於國家與國土開創有著崇高的精神象

> 越南人會在大年初一零點時祭拜，以表達對祖先和神靈的感謝。

徵，各地會舉行慶典與紀念儀式，提醒越南人先祖烈士對國家的犧牲奉獻。另外，五一勞動節越南也實行放假，感謝辛苦的勞動階層的付出。

　　順帶一提，雖然上面的節日都很重要，但是對於占全國13%人口的少數民族來說，他們只慶祝國家節日，其他民俗節慶幾乎完全不知道。少數民族有著自己的節慶。我有些學生在臺灣念書，四月時請假回國過清明節，這是他們的地方習俗，所以即使才剛開學一兩個月，還是會買機票回去過節。也有的學生從來沒過過農曆三月三日的寒食節。由此可見，越南國土狹長，民族具有豐富的多樣性，在與越南朋友交往時，務必要多加了解各地文化，並予以尊重。

春節的團圓飯，菜餚裡一定要有方形的粽子

第四部
越式美學和創新

打破傳統審美的越南環球小姐
非典型佳麗 H'Hen Niê

劉俐

　　講到越南女子，多數人腦中都會浮現身材纖細、穿著白色傳統國服奧黛、長髮隨風飄逸、婀娜多姿的女性形象。越南自開辦選美比賽以來，每一位參賽佳麗也都是以這樣的形象示人。然而，隨著社會價值觀變化，2017年的越南環球小姐選美比賽冠軍，正式打破了以往的傳統審美規則，她就是來自越南多樂省的 H'Hen Niê。她奪得后冠後，所有關注選美消息的觀眾都大感吃驚。H'Hen Niê 不是那種鵝蛋臉搭配烏黑秀髮的典型形象，而是一頭俐落短髮，與眾多佳麗截然不同的小麥膚色。在台上她以爽朗的笑容征服評審，也是首位獲得冠軍的少數民族。

　　H'Hen Niê 是多樂省（Đắk Lắk）埃地族（Ê-đê）人，她所生活的村莊是一個保有以物易物傳統的原始村莊。直到 H'Hen Niê 離開家鄉至胡志明市求學後，才首度體驗城市生活方式。都市生活與過去自己的成長背景大不相同，H'Hen Niê 雖然受到很大的衝擊，但也因此了解到金錢的重要性。母親曾想幫她找一個好人家託付終身（在她的村子裡，十四

H'Hen Niê 從一個沒沒無名的農村女孩到現在成為家喻戶曉的國民寵兒，隨處都可以看到她的商業廣告。

第四部／越式美學和創新　101

歲就要嫁人），但 H'Hen Niê 有自己的想法，她很清楚自己的人生藍圖，決心為自己的未來負責。她離開村子後先在芽莊中央民族大學進修教育科系一年，接著到胡志明市對外經濟專科學習企業金融專業。求學期間，為了支付學費與生活費，H'Hen Niê 身兼許多工作，包括臨時演員、模特兒、保母等。

2015 年參加越南超模比賽入圍前九名之後，H'Hen Niê 開始受到大眾的關注。直至獲得 2017 年越南環球小姐冠軍後，越南人才真正認識她。衣錦還鄉之際，H'Hen Niê 受到了鄉親的熱烈歡迎。這一幕透過媒體讓全越南人民進一步了解 H'Hen Niê 的家鄉、民族與文化。這也是越南評審首次打破以往既定審美標準，選出的非典型美女。H'Hen Niê 的下一步是代表越南角逐 2018 年世界環球小姐，雖然只進入前五名，但她讓世人看到越南也接受不一樣的美麗。

成名後 H'Hen Niê 積極投入公益事業，她將環球小姐的獎金都捐出去。她加入國際非營利組織 Room to Read，推廣掃盲與偏遠地區的女性受教權。她為山區兒童募款建圖書館，鼓勵大家讀書；她也積極宣導愛滋治療，讓大眾更明白過去的錯誤觀念，以正確的心態陪伴孤苦無依的愛滋病患。疫情期間，她停止大部分的工作回到家鄉，在 FB 和 IG 上分享他們居住的傳統高腳屋。她務農、穿著居家服，生活照

常是素顏。她不做秀,沒有算計。她是越南最真實的美麗女孩 H'Hen Niê。

愛國畫報
完成歷史使命，成為創作風格

劉俐

每當有國家級活動、慶典或黨代表大會召開時，街上除了旗海飄揚，也會在顯眼處看到成排色彩繽紛、飽滿的宣傳看板。在資本主義導向且欣欣向榮的大城市，共產風格宣傳看板樹立起它的衝突美。不少外國人對這些洋溢著正向意念的看板感到興趣。反觀當地人卻不太在意那些看板畫了什麼活動，或是它被撤下了沒有。有些年輕人甚至認為，愛國畫報在資訊發達的世代裡，算是舊時代的遺物，發揮不了作用。

愛國畫報最早始於 1940 年間，於 1955 至 1975 年戰爭期間蓬勃發展。還未解放前的北越共產主義革命領袖胡志明，和越南最偉大的軍事戰略家武元甲都因畫報宣傳而培育出許多藝術人才。因為愛國心驅使，有很多平民、學生、志工參與繪製，也有很多留俄學生在作品裡展現大膽飽滿的用色，主題鮮明，傳達手法強烈。在那樣的歷史背景下，畫報中的人物很少開懷大笑，頂多微笑。且當時畫中人物的姿勢和元素，多是槍械上膛、拳頭、砲火、軍裝和抵抗。「戰

在資本主義導向且欣欣向榮的大城市，共產風格宣傳看板樹立起它的衝突美。

第四部／越式美學和創新　　105

爭、抵抗、與國家一心」是看板宣傳的主要訊息。

在現今經濟開放的繁榮社會氛圍下,畫報傳達的訊息已轉變為歡呼國家的新理想、國家的新發展。我往返越臺之間無數次,近年在越南路口看到重要活動的畫報時,內容已不再像十幾年前那麼嚴肅。其中不再只有穿著制服的人物講述著嚴肅議題,更多的是不同族群都有機會出現在畫報上。鄉村人民、學生、士農工商各種背景,從小人物的角度呈現出對這個社會的貢獻與熱愛。而內容也由團結愛國,逐漸轉換成打疫苗、注重衛生、環境保護、交通、保險等等公衛議題,更貼近市井小民的生活。

地方政府慶祝該縣獲得高等農村評鑑,特製愛國海報感謝所有做出貢獻的市民角色。

鐵路旁的愛國畫報。

時過境遷,現今的愛國畫報面臨一些挑戰。除了國家慶典、公共議題外,其他跟黨有關的活動,對於非黨員來說感受不深,而且宣傳效果已不如過往。愛國看板如今比較像觀光產物,在紀念品店還可以購買小幅的帶回家,也有製作成磁鐵方便攜帶。雖然畫報的作用已漸漸喪失,但它的畫風卻成了一種特殊風格,它承載著越南人的共同歷史,雖然不是人人都是共產黨員,但共產特色現在卻掀起一股復古風潮。

　　在胡志明市就有一間以愛國畫報設計風格為主題的咖啡廳 Propaganda Saigon,是外國人非常喜歡的景點。店內牆面以畫報塗色的方式,無一處留白,且鮮豔的色彩也刺激著客人的五感。在河內與胡志明市兩大城市的畫廊裡,也有很多舊時的愛國畫報與新興創作。愛國畫報完成了其歷史使命,如今轉換身分,成為外人進入越南時,了解這個國家的另一種方式。

雖然畫報的作用已漸漸喪失,但它的畫風卻成了一種社會風景,甚至被設計在咖啡杯子上。

第四部/越式美學和創新　107

讓 OL 瘋狂的新式奧黛
便於移動、風格多樣的新國服

張瑜倫

在越南大部分景點，都可見越南女生穿著奧黛拍攝風景照。越南國服奧黛（Áo Dài）是越南最大民族京族的傳統服飾，Áo Dài 直譯其實是長衫，其上衣相當長，褲子也長及腳跟，因此穿的時候，通常需要搭配高跟鞋。舉凡婚嫁、節慶，甚至是上學、做禮拜，都能看到越南女人穿著奧黛擺尾搖曳的身影。春節將近的時候，奧黛更是占據越南街頭，但近年新式奧黛搶盡鋒頭，除了傳統奧黛專賣店開始賣起了新式奧黛外，一般服飾店和名牌衣飾店也紛紛亮出新式奧黛，互別苗頭。

河內文化大學學者劉玉成（Lưu Ngọc Thành）認為，「現今不少女性每次在穿傳統奧黛時都會感到猶豫。大多數女性覺得傳統奧黛太長，很麻煩，行動和乘坐交通工具都非常困難。另外，要是天氣太熱或是太冷，都不太適合穿傳統奧黛，而身材不太勻稱的人也不容易找到適合的傳統奧黛。」＊新式奧黛因此應運而生。

新式奧黛的越南名為 Áo Dài Cách Tân，Cách 是方式，

部分越南高中的女生校服就是白色的傳統奧黛。

新式奧黛不再強調貼身剪裁，整體和袖長都比傳統款式來得短，風格也更為寬鬆與輕盈。

第四部／越式美學和創新　　109

Tân 是新的意思。新式奧黛與傳統奧黛的區別為，新式奧黛的設計擺脫以往的長衫，而將奧黛整體改短，原本搭配的過腳長褲也改為七分褲、九分褲或七分裙，講求輕鬆，方便移動。在圖案花紋上，許多新式奧黛使用了薄紗、銅針等一些過去不使用的材料裝飾奧黛。用色方面也更加多元，使奧黛更具個性。部分新式奧黛還融入了中國、俄羅斯傳統服飾元素，使得奧黛充滿異國風情。

　　家族經營奧黛店的秋庄表示，新式奧黛的顧客群主要是 OL，這些有工作、有消費力、愛美又希望穿出個人風格的女性上班族，對新式奧黛非常喜愛，而方便俐落的設計也符合這些新女性的需求。奧黛店的客戶通常是選擇訂做的方式，依顏色、風格喜好訂製專屬自己的奧黛。訂做的奧黛較合身，但價格當然較高，約在一千五百臺幣以上。相較之下，在一般服飾店購買的新式奧黛，其款式較為固定，尺寸選擇較少，但價格不到訂做的一半。

* 出自劉玉成論文《Sản phẩm áo dài cách tân - xu thế mới trong trang phục truyền thống（改良版奧黛產品：傳統服飾的新趨勢）》。

穿奧黛騎機車其實不太方便，特別是褲腳長、裙襬也長的傳統奧黛。

新式奧黛加入不同的異國元素。

奧黛也有男性款式的，但想穿的人以及穿的機會都比女生少很多。

第四部／越式美學和創新　111

從傳統工藝到國際舞台
張文道的木製汽車和武重義的竹子建築

張瑜倫

　　越南的竹木工藝歷史悠久，從竹編日用品到木雕建築裝飾，這些技藝承載著越南人的生活智慧，也展現了與自然共存的理念。近年來，許多越南設計師與藝術家積極探索竹木創作的新可能，他們的創意與努力讓這些傳統技藝躍上國際舞台。

　　屢登國際媒體的 ND-WoodArt 便是其中的佼佼者。創辦人張文道（Trương Văn Đạo）的作品靈感來自對孩子的愛，最初是為孩子製作木製小汽車和玩具，後來挑戰更大規模的創作，打造出真實比例的木製汽車、坦克與火車。ND-WoodArt 的每件作品都讓人驚嘆，他們不僅拍攝完整的製作過程，還成功建造可行駛的木造車，其獨特性吸引超過千萬全球追蹤者。ND-WoodArt 甚至受到汽車品牌關注，曾受藍寶堅尼邀請參與紀錄片拍攝，2024 年更被 Meta 評選為年度傑出創作者。張文道與他的團隊讓木工不再只是傳統手藝，更讓世界看見越南的木工設計實力。

　　除了木工藝，越南的竹工藝在建築領域同樣大放異彩。

外國媒體拍攝
ND-WoodArt 的
創作過程。
（張文道提供）

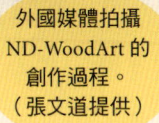

張文道與其作品
可行駛的木造車。
（張文道提供）

第四部／越式美學和創新　113

張文道與其妻子一起領取 Reels 影響力獎。（張文道提供）

武重義（Võ Trọng Nghĩa）是越南最知名的建築設計師，他擅長將竹材運用於現代建築，創造出極具美感且可持續的建築作品。他認為竹子既堅固又適應熱帶氣候，同時能降低環境負擔。其中，「風與水咖啡館」（Cafe Gió Và Nước）便是他的代表作之一，以竹材搭建拱形結構，完全不依賴鋼筋水泥，展現竹子的力學特性與美感。他設計的竹製學校、展館與度假村廣受國際建築界關注，並榮獲國際建築獎、亞洲建築師協會金獎、FuturArc 綠色領袖大獎、越南國家建築獎等多項榮譽，被譽為當今最擅長運用竹子的建築師之一。他曾說：「作為建築師，我們有責任把綠色還給這片土地。」

從手工藝到建築設計，越南的竹木創作不斷刷新大家的眼界，傳承與創新並行，讓世界看見越南設計的獨特魅力。

位於寧平的 Vedana 餐廳,
是武重義迄今
最高的竹構建築作品。
(武重義建築事務所提供)

第四部/越式美學和創新

從電影認識越南
當代越南文學作品躍上大銀幕

張瑜倫

近年來,越南與越南裔作家的作品不僅在文壇上受到矚目,更紛紛被改編成影視作品。其中,王鷗行(Ocean Vuong)、阮清越(Nguyễn Thanh Việt)、阮日映(Nguyễn Nhật Ánh)三位作家的代表作品都躍上大銀幕,獲得觀眾與媒體的高度關注。

王鷗行是美國最知名的越裔新生代詩人,以《夜空穿透傷(Night Sky with Exit Wounds)》成為史上最年輕的T・S・艾略特獎得主。他的小說《此生,你我皆短暫燦爛(On Earth We're Briefly Gorgeous)》融合詩意與現實,探索家庭創傷、移民經歷與文化認同。2022年,A24公司宣布改編該書為電影,這家製片公司曾打造《媽的多重宇宙》,擅長展現多元文化敘事。

同為美國越裔作家,阮清越的《同情者(The Sympathizer)》一書講述一名越戰雙面間諜在美國與越南之間遊走,融合間諜小說與政治諷刺,獲得2016年普立茲小說獎、美國圖書獎和愛丁堡國際圖書獎等,這些獎項不僅肯

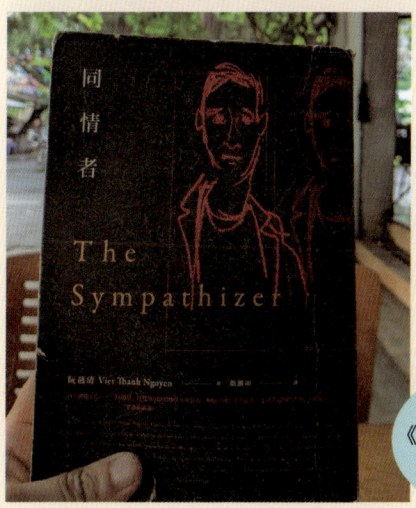

王鷗行的《夜空穿透傷》目前已被譯為越南文,並在越南販售,但因為銷量很好,筆者造訪的幾家書店都已賣完。

阮清越的《同情者》在越南被列為禁書。

第四部／越式美學和創新　117

定《同情者》的文學成就,也讓阮清越成為國際間最具代表的越裔作家。A24 和 HBO 在 2024 年共同出品製作了這本小說的影集,小勞勃道尼在此劇中一人飾多角,這也是美國主流影集中第一次大量啟用越南演員,並使用越南語。

雖然王鷗行是詩人,阮清越是小說家,但兩人有著相似的背景——他們家族都因越戰離開越南,最終定居美國。這

阮日映的作品在越南非常受歡迎,著作甚多,有的書店還特別設立了一整個書架來陳列他的書。

段經歷使他們的作品常常觸及戰爭創傷、移民經驗與美國社會對越南裔的刻板印象，既是對個人記憶的重塑，也成為對歷史的再敘述。

與前兩位作家不同，阮日映的作品更關注越南本土的青春與成長經驗。他的小說《綠地黃花（*Tôi thấy hoa vàng trên cỏ xanh*）》描寫一對兄弟在鄉村的童年時光。2015 年，越裔導演 Victor Vũ 將該書改編為電影，在越南票房創下佳績，大獲好評，並獲得 2015 年河內國際電影節最佳影片獎。除了這部作品，阮日映的另一部小說《碧瞳（*Mắt biếc*）》也在 2019 年被改編為電影，同樣由 Victor Vũ 執導。該片獲得 2020 年越南金風箏獎（Cánh diều vàng）最佳電影獎，講述一段橫跨數十年的真摯愛情故事。當初電影一推出就造成轟動，也成為越南極少數破二億臺幣票房的越南電影。

第一副本土塔羅牌
文學底蘊浩瀚的越南塔羅牌《翹傳》

劉俐

很多朋友會問：「越南人算命嗎？」基於共產體制與共產黨員無神論的印象，以為宗教信仰是被限制的。事實上越南人擁有宗教信仰自由，且對鬼神之說也非常崇敬。當遇到人生難題時，也會尋求算命與占卜解答。起源於十五世紀義大利的塔羅牌占卜，是現在世界上很普遍的占卜方式之一，在越南年輕人之間也很受歡迎，尤其遇到感情問題時，最常去問的就是塔羅牌占卜師。

塔羅牌由七十二張牌卡組成，其中大牌二十二張，小牌以火、水、風、土四個元素各十四張組成。從第一張牌卡開始，講述一個人的生命旅程。全球發行的塔羅牌以義大利與美國遊戲公司兩大宗為主，各國也有藝術家自行設計、繪畫和發行的牌卡出版，價格比起一般塔羅牌行情價貴上兩倍。

越南第一副塔羅牌的故事背景，取自越南經典文學作品《翹傳（Truyện Kiều）》。設計團隊是三位非常有才華的年輕人。內容由武南都（Võ Nam Du）和武張飛鳳（Vũ Trương Phi Phụng）制定，視覺設計由插畫家秀吳（Tú Ngô）負責。

越南第一副
本土塔羅牌《翹傳》。

越南書店販售的
偉特塔羅牌則是世界
通用的塔羅牌。

第四部／越式美學和創新 121

當代詩人日昭（Nhật Chiêu）是這副塔羅牌的發行顧問，他也出版過塔羅牌書籍《塔羅：從純真到世界（Tarot: Từ Ngây thơ đến Thế Giới）》。

《翹傳》是黎朝文學家阮悠（Nguyễn Du）的作品。阮悠經歷黎朝滅亡，過度西山朝，在阮朝時期被招攬入仕。一八一二年（清嘉慶十七年）阮悠被派去中國進貢，在中國接觸了青木才人撰寫的白話小說《金雲翹傳》。同感大時代動盪變遷、家勢沒落和生活的無奈，深有感觸。後來阮悠將《金雲翹傳》的大綱，重新以越南的喃字六八體民歌形式，寫成長篇敘事詩，自此成為越南最著名的經典文學。故事女主角翠翹原本是個天真單純的女子，歷經家道中落步入青樓，遇人不淑、改嫁、追捕逃難、出家，顛沛流離十五劫，最後與家人重逢，故事線與塔羅牌愚者 0 號開始的人生旅程至 21 號世界牌的「完整」不謀而合。

《翹傳》是一副文學底蘊浩瀚的塔羅牌，二十二張大牌上都印著一段詩句。因此跟一般塔羅牌解牌不同，占卜師要非常了解《翹傳》這部作品，也要有一定程度的文學造詣，靈活結合塔羅牌的數字與元素。為了推廣《翹傳》塔羅牌，設計團隊在胡志明市定期舉辦工作坊，與喜愛文學和占卜的人一同探討。我年初購入第四版的價格為九十萬越盾，大約一千一百多臺幣，牌卡紙質較沒那麼滑順，厚度也比較厚，

但好處是洗牌不容易掉牌。他們官網上介紹了所有的牌義解釋，對塔羅牌有興趣的人也可以在官網購買。

《金雲翹傳》的越南文版本。

大、小阿爾卡納牌上印有詩，解牌時除了要了解偉特塔羅牌系統的牌義，也要從這本文學作品的脈絡中解釋。

第四部／越式美學和創新　123

第五部
年輕人的復古和流行

重穿阿公阿嬤的衣服
向歷史致敬的復古風當道

張瑜倫

　　越南連鎖咖啡廳共咖啡（Cộng Cà Phê）一登台即掀起排隊熱潮，許多人為了喝上一杯越式咖啡，願意等超過半個小時。共咖啡的特色主打懷舊風格，花布、老式家具、軍事風和共產特色裝飾隨處可見。共咖啡在越南也是相當受年輕人歡迎的咖啡廳，但懷舊咖啡廳在越南不只有共咖啡這一間，因為近年來復古風在越南成為一股潮流。

　　來到越南中部的會安古城和順化皇城，隨處可見穿著奧黛或宮廷服飾的越南女生，她們正在拍攝屬於自己的宮廷劇。這股將過去與現代結合的復古風潮打扮，不只出現在觀光景點，回到家裡，也有許多越南年輕人喜歡翻找阿公阿嬤的衣櫃，將那些充滿歷史感的衣物重新搭配，創造出屬於自己的古著時尚。

　　懷舊風的興起與媒體有直接的關係。以《See Tình》這首電音神曲紅遍國際的黃垂玲（Hoàng Thùy Linh），絕對是帶起越南演藝圈復古風潮的領軍人物。2016 年，她以一首《湯圓（Bánh Trôi Nước）》驚豔了越南歌壇。這首歌曲

在順化皇城裡穿著古裝拍攝短影音的越南女孩。

越南婚紗照也盛行復古風。

第五部／年輕人的復古和流行

靈感源自越南最著名女詩人胡春香（Hồ Xuân Hương）的作品，黃垂玲及其音樂團隊將兩百多年前的詩作與現代音樂和視覺效果巧妙結合，呈現出傳統與當代的完美結合。有了這一次的成功，黃垂玲之後的音樂作品也不斷展現越南多樣文化，讓越南年輕人得以透過音樂認識越南歷史文化。

除了音樂外，越南電影圈也吹起復古風。以 1960 年代為背景的《西貢三姊（Cô Ba Sài Gòn）》和《碧瞳（Mắt biếc）》都是近幾年懷舊風格電影的經典。這兩部電影透過

共咖啡是越南第一家主打懷舊風的連鎖咖啡廳。

畫面和服裝傳遞復古美感，喚起了人們對過去時代的情懷，也引起了一股電影朝聖熱潮，人們開始尋訪拍攝地點，如西貢的老街區和經典建築，也有年輕人開始熱衷於穿著 1960 年代風格的奧黛，在社群媒體上分享這種風格。

　　復古風的流行其實和社會發展有著密切關係。隨著生活越過越好，越南年輕人開始關注文化與個性表達，對他們來說，復古風不僅僅是懷舊，更是用創新的方式向自己的歷史與文化致敬。

西方的星巴克到了越南中部會安古城，也只能入境隨俗。

刺青流行文化
年輕人展現個性的新潮流

張瑜倫

有刺青的人，往往更容易注意到他人的刺青，我也不例外。正因如此，我發現在越南的大城市中，刺青的人口不少，而且年齡層較廣泛。許多人到了三十多歲才下定決心，紋上人生的第一個刺青。

1984 Tattoo Studio 是河內知名的刺青店，深受本地人與外國客戶的青睞。店內工作人員表示，儘管顧客來自不同文化背景，但他們的刺青主題同樣多以紀念性質為主，例如紀念旅程、家人生日、肖像刺青等。同時，也有許多人透過刺青展現個性。和其他漢字文化圈的國家相似，象徵祥瑞的龍在越南刺青愛好者中也備受喜愛。

儘管刺青的接受度逐漸提高，但大面積的龍或老虎刺青，仍可能讓人聯想到黑道。然而，這種負面標籤正在式微，現代人更傾向於將刺青視為個人風格的展現，加上越南人對美感的重視，刺青已經變成流行文化的一部分。城市中的刺青人口持續增加，刺青店不僅不難找，選擇也相當多樣。根據店家規模、價格、技術和風格等因素，在越南要紋

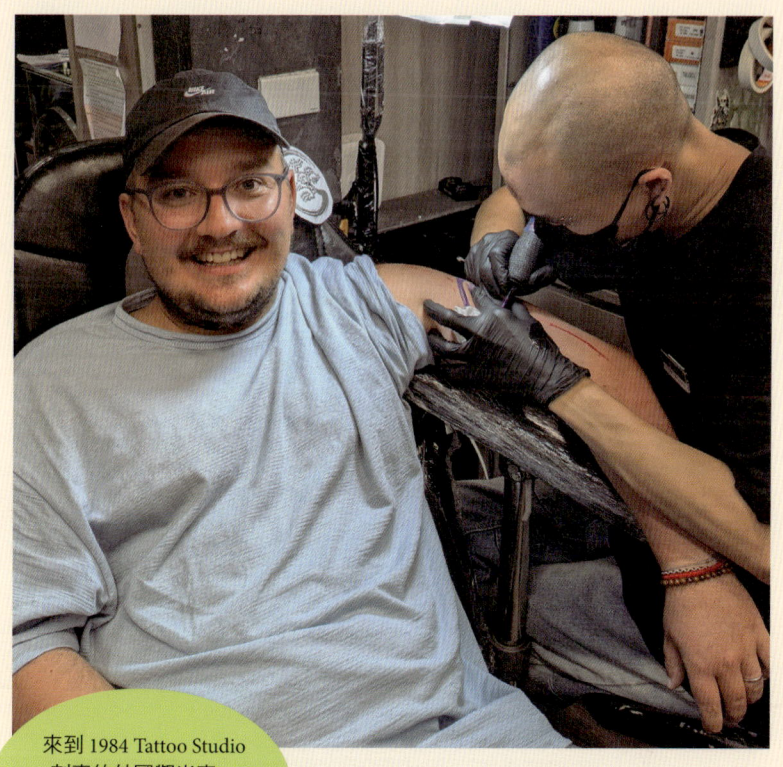

來到 1984 Tattoo Studio 刺青的外國觀光客，對這裡的服務品質和專業度都相當滿意。

第五部／年輕人的復古和流行

刺青很容易。另外，近年來在河內與胡志明市都舉辦刺青展，這些展覽不僅吸引當地刺青師參與，還邀請到國際刺青師交流，顯示刺青的高接受度及重視。

　　除了普及度令人驚訝，越南的刺青文化還有兩個有趣的現象。首先，由於越南過去曾使用漢字，並深受中國文化影響，許多人選擇在身上刺上漢字。然而，由於大部分刺青師不懂漢字，導致錯字、字義模糊的情況時有發生。其次，刺青還影響了越南兵役制度。越南實行義務兵役制，大部分男性須服兵役，然而近年來有些年輕人，刻意在身上刺大面積刺青，試圖以「不符合軍隊形象」為由來規避服役。這種做法引發社會討論，甚至促使國防部公開回應，表示將檢討相關規範，以防止不當利用刺青逃避兵役的行為。

1984 Tattoo Studio 的刺青師傅表示，有許多越南人因為工作關係，更傾向在衣服能遮蓋的部位刺青。

越南過去曾使用漢字，許多人也喜歡刺上漢字。

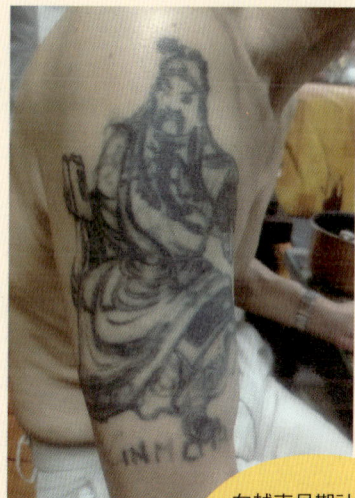

在越南早期社會，刺青被視為男性展現男子氣概的一種方式，因此相當普遍。

位於胡志明市酒吧街的二十四小時刺青店。

第五部／年輕人的復古和流行　133

出櫃的勇氣
LGBTQ 的現況、困境、包容

張瑜倫

　　2018 年上映的越南電影《雙郎（Song Lang）》在國際影壇備受矚目，獲獎無數。這部電影講述一位越南改良戲劇（Cải Lương，越南南方一種歌劇舞臺藝術，類似臺灣的歌仔戲，有故事劇情，每個人物通常以歌唱詮釋和身著古裝打扮，題材多為古代傳說或現代社會議題）演員，與一名黑道討債人之間遊走於友情與愛情邊界的微妙情感，在展現越南傳統戲劇獨特文化的同時，也反映越南影視作品對於 LGBTQ 族群的關注與包容度的提升。

　　演藝圈向來是社會風向的指標，從影視作品到流行音樂，都能看出越南近年來對 LGBTQ 族群的接受度逐步提高。除了《雙郎》外，近年越來越多關於同性戀情的影視作品問世，流行音樂界亦有多位歌手出櫃，如以下兩位創作才女武吉祥（Vũ Cát Tường）和仙仙（Tiên Tiên）都公開性向，為 LGBTQ 族群發聲。香江（Hương Giang）更是演藝圈最具代表性的變性歌手，她在 2018 年「國際變性人選美大賽（Miss International Queen）」代表越南參賽並奪得冠

越南星巴克在LGBT驕傲月會有相關的布置。

The Hanoi Social Club 是河內著名 LGBTQ 友善餐廳。

第五部／年輕人的復古和流行　**135**

軍,她的成功鼓勵了更多跨性別者勇敢做自己。

除了本身就是 LGBTQ 族群的歌手以外,許多支持的歌手也有相關創作,像是竹仁(Trúc Nhân)的《Sáng Mắt Chưa?(開眼了嗎?)》就被譽為越南 LGBTQ 國歌之一。這首歌以諷刺幽默的方式講述一位男同志選擇與女性結婚,被前男友質問:「你真的快樂嗎?或只是順應社會壓力?」點出了越南 LGBTQ 群體在傳統社會中常見的困境,真實反映越南 LGBTQ 族群的現況。

來自臺灣、但有許多越南同志朋友的西貢男孩,以及覺得在胡志明市生活更自在的河內花花,都認為越南男同志有不少人選擇隱藏性向,順應社會期待,結婚生子,而這種情況在越南北方尤為常見,相對較開放的胡志明市則較少。越南南北對 LGBTQ 族群的接受程度存在差異,在日常生活中也有所體現。花花說,在胡志明市街頭,可以看到許多 LGBTQ 族群大方展現自己的認同,從穿著風格到社交互動都能察覺,但在同樣是大都市的河內,卻較難辨識誰是圈內人。因此,許多不想承受社會壓力的越南北方同志朋友,就會選擇遷居胡志明市,享受更多優質的 LGBTQ 友善場所,以及能更自在做自己的環境。

越南年輕世代對 LGBTQ 族群抱持開放態度,但長輩的接受度還是很低,使得出櫃成為一種挑戰。儘管如此,ICS

Center 等組織持續推動平權，提供法律支援與社群活動，讓同志群體被看見。自 2012 年起，VietPride 每年在多個城市舉行，成為 LGBTQ 展現自我、爭取平等的重要場合。雖然還有很多挑戰，但隨著社會觀念的改變，越南的 LGBTQ 族群也慢慢被更多人理解和接受。

在河內的 BridgeFest 多元文化節上，變裝皇后與民眾開心合影。現場攤位提供各種健康、LGBTQ+ 權益相關的資訊和互動活動。

第五部／年輕人的復古和流行　**137**

杯子行銷法
吸引年輕人拍照分享的咖啡杯

劉俐

　　根據越南市場策略研究公司 Mibrand 的計算，2024 年八月越南全國約有五十萬家咖啡廳，包含連鎖咖啡廳和獨立咖啡廳，一年營收達到 14.6 億美金。現在連鎖店最多的是老字號 Highlands coffee，超過七百家店。數量第二的是以 G7 即溶咖啡聞名的中原咖啡廳，而國際知名星巴克數量約一百間，排名第七。要在三步一大間、兩步一小間的咖啡紅海吸引顧客，勢必要有很強烈的特色和傑出的經營策略。

　　2016 年成立的 KATINAT，一開始也是沒沒無名，在南北兩大城市開店，到了 2020 年年底強勢擴張。2023 年在全國展店超過七十家。KATINAT 這兩年在社群網站上非常火紅，但它最紅的不是咖啡而是飲料，以及店內的氛圍和設計。藉由網紅奔走相告，變成年輕人聚會都愛去的點。茶飲是吸引大家的主要原因，而附加原因則是拍 TikTok 短片。

　　另一家更年輕的咖啡廳 Phê La，第一家店於 2021 年才在河內成立，主打「大勒特產烏龍茶」。以河內為主打區域，一年內開了十五間店，之後才到胡志明市和中部城市展

雕了花紋的浮雕杯，
深深吸引
年輕人的喜愛！

第五部／年輕人的復古和流行 **139**

店。Phê La 的特色是以烏龍茶為底的奶茶和自選珍珠口味，像是蘭花、烏龍和炒糯米口味，讓消費者覺得十分新奇：原來珍珠可以擺脫傳統單一味道！而他們的飲品上桌時，也特別重視飲料的視覺呈現。這間店走的是精緻文青風格，雖然很受歡迎，但老闆卻沒有要讓它在國內遍布開花的意思。

　　觀察這兩間店，都有一個特別之處。撇開室內設計不說，兩間店都推廣越南當地茶飲，而且在飲料杯上也下足了功夫。原來這兩家店出自同一經營者張阮天金（Trương

以玻璃杯當外帶飲料杯，拉高質感。玻璃杯可在原店回收。

Nguyễn Thiên Kim）之手。Phê La 在飲料杯上做了各種特別的設計，而且會隨著季節更換，2024 年冬天 Phê La 就將浮雕杯做成白色毛衣的樣子，消費者可依個人喜愛為杯子貼上可愛的貼紙。而 KATINAT 則有變色杯和季節性的杯子設計，像夏天時就是熱鬧喧騰的花草鳥樹，讓人看了耳目一新。之所以會在杯子上下功夫，是因為老闆了解社群媒體的宣傳力量，年輕人喜歡在 Instagram 上分享飲料，如果只是一般的杯子拍起來大同小異，內用透明杯雖然可見到漂亮的內容物，卻只能在店內飲用，因此才想到在外帶杯子上玩出新花樣的點子。

　　還有一些獨立小咖啡廳或飲料店，也會利用社群的力量擴大宣傳效果，也同樣花了不少心思在杯子上。杯子行銷果然讓人印象深刻，藉由這樣出奇的操作，得以為自家商品在競爭激烈的飲料市場占有穩固地位。

也有一些咖啡店主打愛國精神和環保，以竹子做成杯子，非常特別。

第五部／年輕人的復古和流行　**141**

混混和電子音樂
讓人 high 起來的 Vinahouse 音樂

劉俐

十年前,行經一些婚禮場合,聽到外溢的電子音樂,我都會快步離開。我是個非常怕吵的人,所以對於電子音樂敬而遠之。這幾年我認識了一些越南南部的年輕人,他們跟我介紹了現在年輕人喜歡的音樂類型,我也跟著改觀了。

越南學生非常喜歡 Vinahouse 音樂,也就是越南電子音樂。跳舞的人會隨著電子音樂的拍點快速地扭動,看起來有點搞笑,但實際上非常難跳,有點像我們臺灣人說的臺客舞。跳電子音樂舞的人本來就有,但帶起這種舞蹈熱潮的人來自北部的北寧省,一位叫 Khá Bảnh 的年輕人。

Khá Bảnh 是越南的混混,他在網路暴紅的現象成為社會爭議的論點。他跳的舞叫做扇子舞(Múa quạt),著重在手部動作。由於俏皮搞笑的舞蹈動作,讓他在開了頻道後走紅成為潮流。許多年輕人非常喜歡他,覺得他很率性、很酷。然而,Khá Bảnh 在網路上也分享他的黑幫生活,發布一些煽動社會安寧秩序的言論和暴力行為,還曾經和朋友拍攝燒毀車輛的宣傳片。2019 年因非法賭博被警方逮捕,當

Vinahouse 一直是越南夜店很受歡迎的曲風。

時 Khá Bảnh 已經是擁有二百萬訂閱的網紅。他被判了十年牢獄監禁後，頻道也因此被終止。不過 Khá Bảnh 跳紅的扇子舞和 Vinahouse 音樂，還是透過網路繼續蔓延，在 TikTok 上 Vinahouse 也成為主流音樂之一。

這幾年陸續有些指標性的 Vinahouse 音樂成為國際家喻戶曉的 BGM（背景音樂）。像是 2022 年的《2 Phút Hơn》和《See Tình》。《2 Phút Hơn》原唱 Phao 的版本比較慢，雖然流行，但還不到紅遍全球的地步。這首歌於 2022 年始於一段二次元短片，在 ACG（動漫遊戲）界暴紅。這段短片沒有具體內容，僅僅是一個二次元人物隨著音樂左搖右

擺，帶著隱晦的情色意涵，其中搭配的背景音樂是由 KAIZ 混音的版本，從此之後，各大明星、藝人、網路紅人爭相跳起這段左右搖擺的舞蹈。

另一首《See Tình》也是 TikTok 上非常紅的 BGM，不止在越南，也紅到中國和西方國家，常刷短片的人在前兩年一定聽過，且它還被稱為《叮叮噹》。原曲由黃垂玲（Hoàng Thùy Linh）演唱，速度慢了一倍。現在流行的是由 Cucak 混音的版本。

以當地人為主的越南夜店，店內播放的多是電子音樂。走在胡志明市的步行街道上，中段兩側的酒吧會放著電子音樂，店外的鋼管舞者跳的也是電子音樂。雖然這類音樂平常聽到會覺得很吵，但親臨現場後，人也會跟著 High 起來，這就是 Vinahouse 的魅力吧！

洗腦的越南語副歌
回國闖盪的越裔第二代歌手

張瑜倫

搭越捷航空（Vietjet）抵達目的地的時候，耳邊總會響起《Hello Vietnam》這首歌，這首歌其實還有法文版本《Bonjour Vietnam》，皆由越裔比利時歌手范瓊英（Phạm Quỳnh Anh）演唱。歌曲的內容講述一個遠離家鄉的越南人對故鄉的深厚感情，旋律優美而動人，深深打動許多海外越僑的心。這首歌也被視為全球越裔文化的重要代表作品之一。

除了范瓊英，在越南演藝圈裡，不乏越裔藝人。越戰後大量越南人移居海外，那時為了服務全球的越南僑民，製作了音樂和娛樂節目 Paris By Night。該節目為早期的越南裔歌手、演員、喜劇演員等提供了一個重要的表演平台，像是如瓊（Như Quỳnh）和長武（Trường Vũ）都是 Paris By Night 中相當著名的美國越裔歌手。父親是非裔美軍，母親是越南人，但因為戰爭的關係，從小被遺棄的 Randy 也是 Paris By Night 的來賓，儘管帶著非裔的外表，與傳統越南人形象不同，但 Randy 用他獨特的嗓音詮釋對越南深切的情感，跨

許多航空公司會播放其
所屬國家的經典音樂,像是
長榮航空的《望春風》。
而越捷航空的《Hello Vietnam》
絕對是越南的航空公司的
機上音樂代表作。

過年過節到越南家庭作客,
常能聽見 Paris By Night 的
音樂影片在客廳播放。
它不只是背景音樂,更是一種
跨越世代的文化連結。

第五部／年輕人的復古和流行　147

越了文化和種族的界限。

　　近年來，越南演藝圈開始出現一些越裔第二代回國闖星途。Hari Won 是一位著名的韓越混血歌手，她早期曾在韓國以女子團體 KISS 成員身分出道，但當時並未受到太多關注。後來她回到越南，透過參加選秀節目和實境節目迅速走紅。Hari Won 因其混血背景引發不少討論，而帶有韓國腔的越南語更成為她的招牌特色。

　　越裔德國歌手仲孝（Trọng Hiếu）在 2015 年因參加越南的《越南偶像（Vietnam Idol）》節目而一舉成名，最終贏得了冠軍。仲孝的音樂風格融合了流行、R&B 以及現代舞曲元素，他充滿活力的舞台表現使他成為越南及德國音樂界備受矚目的年輕藝人。

　　仲孝除了越南演藝事業發展順利，更曾在 2023 年德國歐洲歌唱大賽中獲得第三名。和他一樣在外國大放異彩的越裔藝人，還有桃子 A1J。臺越混血新生代歌手桃子 A1J 大部分時間都待在胡志明市，後來回到臺灣讀書，開始了她的音樂創作旅程。她巧妙融合中文、英文和越文的饒舌功力讓許多人一聽就被圈粉。獨特嗓音甜美慵懶，即使與其他饒舌歌手合作歌曲，她演唱的部分也常常成為焦點，其 YouTube 頻道留言也常見「越南語副歌真的好洗腦」、「越南話超好聽」等支持桃子 A1J 將母語融入歌中的作法。

這些來自不同文化背景、擁有不同表演方式的越裔藝人，無論是在越南或國際舞台，都展現出他們的多元才華與獨特魅力，他們的表現為越南文化增添了新的生命力，也讓全球觀眾感受到越南文化的深厚與多樣性。

因為參加過德國歐洲歌唱大賽而在歐洲小有名氣，粉絲眾多且來自世界各地。仲孝的 YouTube 頻道歌曲留言處常見來自各國粉絲的留言。圖片來源：https://www.youtube.com/watch?v=mEvyyHL9x1I。

桃子 A1J 這兩年除了臺灣的演藝事業，也積極進軍越南演藝圈，因此其 YouTube 頻道上都會放上中越文。圖片來源：https://www.youtube.com/@peachjayea1j。

第五部／年輕人的復古和流行　**149**

熱心公益的歌手黑武
沒有黑暗、暴力、性元素的饒舌歌手

劉俐

2020 年疫情在全球肆虐之際，包括越南國內的交通移動也深受影響，許多離鄉背井的人難以返回家鄉，也有擔心無法返回崗位的人選擇不移動。在這樣的氛圍之下，越南饒舌歌手黑武（Đen）推出了作品《回家（Đi Về Nhà）》，一天內觀看人次突破四百萬，快速在異鄉人社群間傳遞哼唱著。Đen 的名字因此吸引了我的注意。

Đen Vâu，黑武，簡稱 Đen，本名阮德強（Nguyễn Đức Cường），1989 年生於下龍。高中時便打定朝音樂之路邁進。他的嘻哈路線一直以來都秉持「良心」風格，沒有黑暗、暴力、性這些元素，更多的是對土地的關懷。原本只是沒沒無名的他，在跟 Linh Cáo 合作《一起逃跑（Đưa Nhau Đi Trốn）》這首歌後，搖身成為家喻戶曉的明星。2015 年獲得 Zing 音樂大獎「最受歡迎的說唱／嘻哈歌曲」獎項；2011 年獲得 Bài hát Việt（越南歌曲）中「最喜歡的歌曲」獎項；2017 年在 VTV 大獎獲得了最令人印象深刻的歌手提名；他的歌曲《我不需要你以外的東西（Anh đếch cần gì

越南年輕人很喜歡的正派饒舌歌手黑武，在課堂上也會跟臺灣學生分享。

在越南機場裡可以看到黑武代言的廣告。

第五部／年輕人的復古和流行　151

nhiều ngoài em）》贏得了「最喜歡的獨立音樂」獎。2018年 We Choice Awards 中獲得「具有突破性活動的藝術家」年度獎項，表彰那些對社區產生積極影響、最鼓舞人心的藝術家。他也是帶頭號召淨灘的饒舌歌手。

從他獲得的獎項與作品，我們知道他多少與其他饒舌歌手不一樣。Đen 的歌曲都有中心思想，他困苦的童年經歷、眼見所及的貧困與不公，讓他在長大後透過寫歌回饋、幫助與自己有過相同經歷的人。他推出的作品《為孩子煮飯（Nấu ăn cho em）》，將收益全數捐出用於奠邊省的學校建設與教育之用。

年節前返鄉，黑武的歌《回家》一定會再度成為熱門 BGM。

除了從事公益外，黑武也是個孝順的孩子。他用歌曲《帶錢回家給媽媽（Mang tiền về cho mẹ）》提醒大家母親對家庭、對孩子的無盡付出。但他也不總是那麼嚴肅，在歌詞中有點小幽默，像是「拿錢回家給媽，爸爸要錢的話就要跟媽媽要」。而女聲唱的媽媽那段則叮嚀說：「菸少抽一點，不要跟你爸一樣」。這樣正派又幽默的歌手，怎麼能讓人不喜歡他呢？

儘管 Đen 是當今越南收入最高的說唱歌手，但他的個人生活仍舊相當低調，至今仍然穿著簡單樸實的服裝上台。眾所周知，Đen 的私生活很隱密，他單身嗎？他已婚嗎？這些都無人得知。他曾說過，有時候他只想和朋友簡簡單單地在路邊喝杯茶，但這些在他成名後都變得困難了。

全越瘋足球
從小孩到老奶奶都愛的全民運動

張瑜倫

　　說起越南的國民運動絕對是足球。東南亞大部分國家都瘋足球，像是泰國、印尼、馬來西亞等國，跟越南一樣都有足球俱樂部和職業聯賽。根據 2024 年的 FIFA 排名，越南位居東南亞國家第二，僅次於泰國，然而在 2017 年到 2023 年，越南足球都是穩居東南亞第一。

　　在越南，足球場隨處可見，要找一個踢足球的地方並不難，許多人的嗜好就是閒暇時跟朋友組隊踢足球。越南孩子從小耳濡目染，小巷子裡常見孩子們湊在一起踢足球，因此無論喜歡不喜歡足球，大部分越南人都能踢上幾腳。自小就開始踢足球的越南人，近幾年逐漸成為臺灣的大學足球隊的主力之一，臺灣學生對於越南學生具侵略性的球風印象深刻。2024 年在臺灣北中南舉辦的首屆越南同鄉盃足球賽，吸引了二十支隊伍，共計五百位選手參賽，參與度相當高。

　　越南熱衷於足球的，不只是愛踢足球的人，每次國際足球賽事，只要有越南隊參加，啤酒屋、快炒店早早就開始架設投影大螢幕，準備迎接大批看球賽的民眾，也有許多人會

很多越南孩子最喜歡的運動是踢足球。
（Wendy 提供）

足球魂直接貼上車。

第五部／年輕人的復古和流行　　**155**

相約到朋友家中，一邊聚餐一邊為越南隊加油。若是冠軍賽或世界盃資格賽，那可是國家大事，河內的還劍湖、胡志明市的阮惠街等著名觀光區，都會成為大型觀看球賽直播地點，全民瘋足球這句話一點都不誇張。

　　身為外國人的我，總會被越南人對足球的熱情感染，其中我最喜歡的部分是越南人在贏球之後的 đi bão，意思是「上街慶祝」。球迷們在足球賽結束後，會成群結隊地騎機車上街，揮舞國旗、鳴笛、歡呼來慶祝勝利。每每在壯觀的 đi bão 場面，也會看到路邊老奶奶跟著歡欣鼓舞地拿著鍋碗瓢盆敲打，真的能感受到越南不分老少一起慶祝的喜悅，那種團結和熱情令人難忘。

大白天蹺班
看球賽？
工作哪有球賽重要！

đi bão!

第六部
人和人的相處

「我懂,孩子就是這樣。」
越南的友善育兒環境

張瑜倫

我一年回臺灣三、四次,大多都只有我和女兒母女倆。自從有女兒開始「伴遊」後,每次到機場畫位時,都默默祈求旁邊坐的是越南人,因為越南人對孩子有超高的忍耐力!當臺灣年輕人和臺商大哥對「歡」到不行的小屁孩大翻白眼時,越南人反而是無限包容,溫柔的眼神盡是疼惜,會站在父母的視角以同理心問候及幫助,讓無助的媽媽重新感受到人生的美好。

越南人對孩子的包容力來自於傳統的大家庭文化。在越南,家族成員的感情緊密,要是家裡有孩子,大家都願意分攤養育孩子的辛勞,並覺得照顧他們是理所當然的,因此常常會聽到「我姪子生病了,我要回家照顧他。」「我(堂或表)弟弟妹妹來城裡讀書,我每天要煮飯給他們吃。」且這些話非常可能出自於一個高中生或大學生。當他們說照顧孩子,那絕對不是照顧一、兩個小時,累了就還給父母,而是照顧一整天,甚至是照顧到他們長大!由此可見,越南是全民養孩子的國家,所以不管是已婚未婚,大家都有育兒經

在越南也有全球知名的兒童職業體驗樂園KidZania，其寓教於樂的設計深受家長與孩子的喜愛。

越南兒童友善服務逐漸進步中，兒童也有專用的購物推車。

第六部／人和人的相處

驗，都知道照顧孩子不容易，孩子有時候就是講不聽，不會說話的孩子只能以哭來表示不舒服。因此，當大家看到亂發脾氣、哭個不停的孩子，都會表現出「我懂，孩子就是這樣」的態度，相較於有一部分的臺灣人將孩子吵鬧完全歸咎於父母的失敗教養，越南的育兒環境似乎較為友善。

　　我有一位臺灣朋友，曾隨著韓籍老公到越南工作定居，同樣有孩子的我們，對於越南餐廳店員熱愛幫忙哄孩子、孩子在外不明就裡哭鬧父母也不會遭人白眼，而感到幸福。雖然，我們也同樣擔心越南的空汙和不乾淨的水質會影響孩子的健康，抱怨越南的嬰幼兒用品價格因為關稅高所以很貴，同樣覺得陌生大爺大媽老愛提醒小孩穿太少很煩，但至少在這育兒友善的環境裡，爸媽會感到相對輕鬆和放鬆，這種包容與善意，是在充滿考驗的育兒生活中很重要的支持。

越南的書店裡總是不缺看書的角落和看書的孩子。

美國媽媽 Lia 的孩子從小在越南長大，她非常感謝越南鄰居們的熱情關心，甚至經常主動幫忙照看孩子，讓她在異鄉感受到溫暖與支持。

臺灣媽媽 Renee 在孩子不到一歲時，就舉家搬到越南。她認為越南社會對孩子相當包容友善，且能以遠低於臺灣的費用，找到以英文授課的才藝課程和家教。除了空氣品質較差之外，她對於在越南育兒的整體經驗相當正面。

第六部／人和人的相處　163

「你來自臺北還是高雄?」
對臺灣熟悉友好的越南人

張瑜倫

對中文特別敏感的越南人,每當聽到我和女兒用中文交談,總會好奇地詢問:「你們是中國人嗎?」當我回答自己來自臺灣時,雖然偶爾會遇到「臺灣不就是中國嗎?」這樣的回應,但更多時候的反應是十分正面的,像是有人會稱讚「臺灣是一個高度發展的國家」、「臺灣人都很親切」,或是表示「我很想去臺灣旅遊」。此外,我也經常遇到曾在臺灣生活過,或是有家人在臺灣工作的越南人,他們一聽說我是臺灣人,立刻興奮地詢問:「你來自臺中、臺北,還是高雄?」展現出對臺灣的熟悉與親切感,且他們對臺灣的評價普遍相當高。

越南人是怎麼認識臺灣的?三、四十歲的越南人對臺灣的印象,往往來自當年風靡一時的電視劇《流星花園》,而在學校的歷史課程中,他們也曾學習過蔣中正帶軍隊來臺的歷史,因此對臺灣與中國之間的政治關係特別關注。我經常遇到越南計程車司機熱情詢問:「你覺得蔡英文前總統怎麼樣?」至於年輕一代,他們更多是透過臺灣美食認識這個國

越南河內臺灣商會每年都會舉辦漢語演講比賽，吸引各大學中文系學生參加，以此方式增進越南大學生對臺灣的認識。

國父孫中山先生曾在河內居住過的「粵東會館」。

河內有一道被金氏世界紀錄認證為世界最長的陶瓷馬賽克牆，其中有一段為臺灣的經典圖樣。

第六部／人和人的相處　165

家。近年來，手搖飲、車輪餅、牛肉麵等臺灣小吃成功打入越南市場，使臺灣文化更深入越南人的日常生活。近年臺灣旅遊風潮興起，更讓越南人透過親身體驗重新認識臺灣。五天四夜走遍臺灣北、中、南的行程相當常見，雖然緊湊，卻讓人感覺物超所值，吸引了許多越南人前往旅遊，也大大提升了臺灣在越南的能見度。

另一方面，臺資企業在越南持續設廠及大量越南移工赴臺工作，使臺灣成為許多越南人嚮往的發展機會之地。臺灣不僅提供了就業機會，許多越南新移民也在臺灣落地生根，這些因素都讓越南人對臺灣充滿親切感。

同屬漢字文化圈，越南人自古以來對中華文化十分熟悉。然而，由於歷史與領土爭議，越南與中國的關係始終複雜，反觀沒有直接的利益衝突、且大量越南人旅居的臺灣，反而更受越南人的歡迎。在越南生活超過十年、被越南人友好對待的我，時常有這樣的感覺，越南和日本一樣，是少數對臺灣有高度認同感的國家。

臺灣的越南文是 Đài Loan，在路上最常看到標榜著 Đài Loan 的店家就是奶茶店和牛肉麵店。

玉堂是一間在河內有多家分店、專賣臺灣小吃及手搖飲的餐飲店，老闆是越南人。

位於北寧的臺灣企業富士康。

第六部／人和人的相處　167

和越南人共事
文化差異比你想的更重要

劉俐

以前常駐越南時，我做的是刊物出版，中文能力是基本條件，而在思考方式和做事習慣上，我們和新進的越南員工與實習生，還是花了好長一段時間磨合。

害怕犯錯的文化

在公司請越南專員尋找資料，他們多數只會用一個關鍵詞搜尋，然後就把資料交給你，其餘的會說找不到、網路上沒有。他們大多是一個指令一個動作。此外，聽不懂或不會的，還是會先說：「會」、「好」、「知道」，之後再想辦法。這跟越南的計程車司機一樣，不知道路也會說知道，再帶著你一路問人。還好現在 Grab 或 Xanh SM 搭車方便，先算好距離和計價，就不用擔心司機一路問路一路跳表了。

撇除想偷懶的個案，這樣的情況多發生在新進員工、年輕員工或實習生身上。因為他們擔心被罵、怕做錯，所以採用少做少錯的策略，或是先答應的方式，之後再想辦法完成任務。後來我們發現可以用鼓勵的方式，請他們多加嘗試，不要擔心錯誤而給自己太多的限制。

規則要先明確建立

無論是通則或特別規定，工作守則一定要在員工入職之初，就講得清清楚楚、明明白白，公司文化和主管帶人風格也要很明確。若一開始你很放鬆，後頭發現不對想要改變，員工一定會有很大的反彈。若你的公司是個體戶或中小企業，在職前訓練時沒講好工作守則的話，就會看到一些讓人百思不得其解的現象。比如說，員工上班上到一半會說她要出去洗頭，比較守規矩的會在午休時才出去洗頭。還有薪水的部分，薪資和出勤息息相關，一定要講清楚遲到、曠班的後果。月薪是月薪，時薪是時薪。我曾遇過在算薪水時，以月薪計的正職員工有幾天遲到半個小時，竟要求遲到的扣薪以一半的時薪計，遲到十五分鐘就扣四分之一的時薪。之前沒遇過這種情況，跟對方解釋了很久也聽不進去，最後老闆出面才解決此事。關於這部分，主管也要以身作則，公司訂定的規矩主管要嚴以律己，如果主管上班時間打混看影片、遲到，卻沒有受到責罰，員工一定會反彈。

獲得員工的認同感

越南人家庭觀念很重，家人是一輩子的牽掛。本地企業開放職缺時，會優先考慮現職員工家人，這樣可以讓員工更放心且更投入工作中。然而雇主不會安排家人在同一部門工作，尤其是夫妻關係，以免影響工作。

2010 年辦公室同事幫我慶祝生日，以及和東方大學的實習生合照留念。

越南的職場重視 Team Building，與員工相處不僅帶人也要帶心。（照片為房地產公司主管向團隊介紹新專案，Tú Thập Cẩm 提供）

此外，因為越南人很團結，偶爾會發生主管難以管理下屬的情況。在他們的團體中自然有個首領，通常是入職時間較久的那位。一般來說，基層員工會和外籍主管保持距離，業務交辦多是由群體首領傳達。首領要是偷懶，下面的人也會跟著偷懶。若外籍主管要獲得員工的認可，就要跟員工建立感情，例如邀請他們聚餐。如果是員工邀請你參加婚喪喜慶，表示他們信任你、相信你，一定要參加，就算人不能到，禮金或心意也要到。花時間去了解越南文化，了解員工的家庭背景，他們會感受到你的用心。

越南人的民族性非常強，管理越南員工千萬不要帶著優越感，像是「我給你工作機會」、「我比你厲害」這類想法。而要抱著供需平衡，你幫我、我幫你，彼此合作才能達到雙贏的態度。臺灣人在海外創業或拓點已經很辛苦了，內部若管理得好，有個值得信賴的當地員工，工作就會簡化很多。

濃濃的聊天人情味
很愛聊也很會聊的越南人

張瑜倫

在越南,我很喜歡的一個畫面就是在路邊茶水攤,十幾二十歲的年輕顧客和茶水攤老奶奶天南地北在聊著天。在越南,無論你走到哪裡,總能感受到濃厚的人情味,而這種人情味的展現方式之一就是聊天。無論在哪、跟誰,越南人總是能聊上幾句。

越南人對聊天的熱愛與他們的文化密切相關。越南文化受到儒家思想的影響,重視禮儀和人際關係。聊天作為一種非正式的交流方式,是維持和加強這些人際關係的方式。無論是跟陌生人的初次交談、朋友之間的閒聊,還是正式場合中的寒暄,越南人都非常注重通過言語交流來表達尊重和友善。另外,大部分當地越南人的觀念是「有關係就是沒關係」,認為好的關係可以確保生活和工作上的順利,因此關係的建立對他們來說非常重要。

因為越南人從小就在生活中接受「建立關係」的訓練,他們的聊天內容豐富,而且什麼話題都能說上幾句。二十幾歲的上班族顧客會主動關心茶水攤奶奶的健康狀況,聊聊小

年輕客戶很自然就跟茶水攤老闆聊起天的越南日常。

許多人來到越南的第一印象，就是很多人泡咖啡館聊天。

第六部／人和人的相處　173

攤子的發展。菸癮犯了身上沒有菸，路上隨便跟人借菸就可以從家庭聊到職涯發展。外國朋友來到越南更是有全天候的語言訓練，有心想學習越語者，不出一個月就可以被計程車司機、洗頭小弟小妹、鄰居和路人訓練聽懂名字、歲數、國籍、工作、感情狀態和家庭等越語問句，因為每天都要被問上好幾次。

越南路邊咖啡廳常坐滿聊天的人，有時候我甚至在想，或許就是因為越南人愛聊天，所以才需要很多家咖啡廳。比起愛聊天，我更欣賞越南人懂得如何跟不同年齡、不同職業的陌生人聊天，透過和不同的人聊天，大家的世界都更寬廣了，看待事情也能更有同理心。

越南觀光區的西方人不少，許多英文老師利用此點給學生練習英語聽力和口說能力。

一邊騎車一邊聊天在越南十分常見，但確實造成後面駕駛的不少困擾。

第六部／人和人的相處　**175**

初次見面就愛身家調查
重視輩分的越南對話方式

劉俐

很多外派越南的朋友分享，讓人不能立即適應的其中一項，就是剛見面時，越南人的問題就很直接，劈頭就問年齡，多聊兩句就會問感情狀態。我先前學習過越南語，所以對於越南人一見面就問年齡有所理解。

越南文裡沒有「你」、「他」、「她」等第二與第三人稱稱謂，對話時都是依說話者的年齡來調整自己和對方的稱謂。比如公司的三十七歲職員，遇到三十五歲的同事，對話就會如此：「妹妹啊，姐姐今天帶了一個大蛋糕給妹妹。」三十五歲的同事會回：「謝謝姐姐，妹妹要跟姐姐一起吃。」而三十五歲的同事看到二十歲的男實習生，則會跟他說：「幫姐姐拿個湯匙吧！弟弟也來吃。」換個場景，走在路上向一位大叔問路時，自稱就要變成「侄」，問完後會說：「侄謝謝叔！」這些對話裡都沒有「我」的存在，這就是為什麼越南人一見面就要了解交談者的年齡，尤其看不出來年齡的，更一定要問。連在同一個班級裡，如果同年就稱「友」，若年齡差了一年就要改稱兄弟姊妹。

越南人問年齡是因為要確定自稱詞,以防失禮,儘管出生時間只差一年都會有兄弟姊妹的差別。

第六部╱人和人的相處 177

其實越南文裡有「我」這個稱謂,但只在刻意疏離說話者時,像是生氣時才會用到。

所以,越南人一見面就愛問年齡,是因為他們很重視尊卑之分,在一個場合要發言,要先跟輩分高的人問好。所以講越南語時腦子要動得很快,隨時變換稱謂詞。

另一個越南人愛問的問題,就是有對象了嗎?結婚了嗎?如果單身,他們會勸你趕快結婚。其實問感情狀態,是一種打從心底流露出來的關心。在越南人的觀念裡,有家有兒有女才是圓滿。加上越南經歷戰爭,老一輩對於「家」的念想非常重視。家庭是生活的核心,子女的婚姻往往是全家

族的事。現在雖然大多數人都晚婚或不婚，然而在十二年前，大城市裡的女性就算再晚婚，也會在大學一畢業就結婚了。

　　二十幾歲時，我常常被問到這些問題，這種微困擾步入三十後逐年下降，到了臨近四十前，就沒有人問我這些問題了。然而時代不同了，現在也不是所有越南年輕人都能接受這類問題，他們更想打拚事業、買房。如果你剛到越南，還不太習慣當地人熱情的交談方式，或不太擅長和陌生人聊天，還是要做好心理準備。

你今天 Zalo 了嗎？
越南最流行的通訊、工作、支付軟體

張瑜倫

　　臺灣人和日本人用 Line，韓國人用 Kakao Talk，越南人則有自己的通訊軟體 Zalo。根據 2023 年的統計顯示，高達 86% 使用智慧型手機的越南人都有 Zalo。其所屬公司 VNG 集團市場估值曾一度超過二十億美元，是越南第一家獨角獸公司。

　　越南人愛用 Zalo 聊天，也用 Zalo 工作。Zalo 有手機版和電腦版，傳送檔案和照片都非常方便，單個檔案傳送上限可達 1GB，照片也可以高解析度傳送。位置分享、視訊通話、群組聊天、發布動態消息等等功能，Zalo 都有。另外，因為 VNG 集團是做遊戲起家的，因此 Zalo 也內建許多遊戲。ZaloPay 更是目前越南最受歡迎的線上支付平台之一，用戶可以通過綁定銀行帳戶或使用二維碼進行即時轉帳和收款，在許多超市及餐廳都可以使用 ZaloPay 支付，也可以線上繳費和儲值。

　　Zalo 從 2012 年發展至今，仍穩坐越南最多人使用的通訊軟體寶座，除了其便捷的介面和持續與時俱進的功能，不

Location	Document	Reminder	Quick messages
Bank transfer	Name card	My Cloud	Send bank account
Doodle	Font style		

Zalo 支援分享位置、文件、帳戶資訊等多種實用功能。

Life services

Utilities

- **Lottery result** — Quickly check the lottery result
- **Find jobs** — Good-income jobs near you
- **Pay bills** — From due to done with a tap
- **Mobile top up** — Viettel, Mobiphone ...
- **Sticker** — Discover new stickers

Other

ZaloPay　Football matches　Lunar calendar　Movies tickets

除了聊天，Zalo 還包辦各種生活大小事。

第六部／人和人的相處　181

得不提到 Zalo 的貼心服務。Zalo 的生日提醒、農曆查詢、字體切換和配合節日的貼圖，讓越南人的日常生活離不開它。我私心最喜歡的是節日貼圖功能，Zalo 會配合節日設計貼圖，讓注重節日的越南人可以發送給親朋好友。我這個外國人也不用擔心因為語言或文化的限制，想表達祝福卻弄巧成拙，只要在 Zalo 上選個美美的貼圖，送出去就對了！

除了生活上的便捷，近年來有許多越南公司開始使用 Zalo 進行行銷。一般越南人除了配合公司使用 email 聯絡正事外，平時很少打開電子信箱，因此 email 行銷是比較少見的。在這十幾年，Facebook 幾乎是行銷的主要工具，銷售人員會使用 Messenger 跟潛在顧客聯絡。但隨著 Facebook 貼文觸及率降低，反而沒有觸及率問題的 Zalo 逐漸成為越南行銷的主戰場。遇到潛在顧客，詢問其連結 Zalo 的電話號碼是許多行銷人員會做的第一件事。讓潛在顧客可以盡情發問，而行銷人員也取得有效的聯絡方式。下一步就是將顧客加入該公司或品牌的 Zalo 群組，確保其可以收到所有廣告資訊。

生活在幾乎人人使用 Zalo 的越南，外國人也多入境隨俗，跟著使用 Zalo，而 Zalo 也有越文和英文兩種語言選項。有趣的是，因為不同國家的人習慣使用不同的通訊軟體，因此 Zalo 常常成為在越南生活的外國人之間的共同聯繫工具。

Zalo 有手機版也有電腦版，很多公司都會拿來當工作聯絡的工具。

第六部／人和人的相處　183

第七部
越南越來越好

捷運正式啟用
緩解交通堵塞和城市的現代化

劉俐

　　大家對於越南首都河內的印象，就是交通大塞車的日常。每天尖峰時段不說，重大活動或是外賓來訪，都會因交通管制亂成一團。河內的塞車並非只是「緩慢前行」那種塞法，而是汽機車看到縫隙就鑽的那種「塞」，甚至連人行道都不放過。為了解決這種困擾人民的交通問題，於是重大的捷運工程出現了。

　　河內第一條捷運線工程始於 2011 年，在 2021 年 11 月 6 日正式營運。這段時間經歷了施工成本增加以及疫情影響，延宕了完工時間。河內捷運局規畫 2050 年的藍圖，總共有八條主路線與三條單軌線。特別之處在於，河內當局先蓋 2 號主線的支線 2A，採用高架式設計，目前已完工並營運。會優先完成這條線的原因，是這路線為河內市的主要商業幹道，周邊林立商辦大樓，行經重要機關，對於分散河內市中心的交通壓力有相當的作用。

　　2A 路線起始站為吉陵站（Ga Cát Linh），終點站為安義站（Ga Yên Nghĩa），營運時間從早上五點到深夜十一

河內塞車的問題嚴重。

河內捷運 2A 路線的起始站吉陵站。

河內捷運採高架橋設計，搭乘人數也不多，適合瀏覽河內風景。

車廂內的文明宣導「請勿亂躺」告示貼紙。

第七部／越南越來越好

點。路線從市中心往西南方向,總長十三公里,共十二個捷運站。列車有四節車廂,約可容納九百名乘客。單趟全程搭乘時間為二十三分鐘,票價從八千越南盾(約臺幣十元)起跳,單趟全程票價一萬五千越南盾(約臺幣十七元),跟臺灣比起來便宜許多。這條路線運行後,讓許多住在近郊河東的民眾不必再每天起早塞進河內市區。

河內的捷運站外觀富有現代感且俐落,每個站的牆上有顯眼的河內奎文閣 Logo,車站大廳寬敞高挑,白天自然光即可讓室內明亮,動線流暢。車廂裡也非常寬敞,喜歡城市觀光的人一定會愛上捷運高架橋的設計,可以在移動的車廂裡將河內的韻味一覽無遺。目前搭車的人並沒有很多,過了尖峰時段整個捷運站更顯空蕩,乘坐體驗非常棒。河內捷運的月票是二十萬越盾,還有另一種優待學生和工業區工人的月票為十萬越盾。

河內的捷運線並沒有按照順序興建,3 號線在 2024 年 6 月開通後,民眾對於搭乘捷運的態度逐漸變得樂觀與開放。

胡志明市捷運首站濱城市場站的月台,以及車廂內一景。

尤其在大雨過後，河內市區多處淹水，造成交通壅塞，進而改變人民對捷運的看法。

另一個交通堵塞的南部大城胡志明市，捷運也在 2024 年 12 月 20 日開通試乘，首月免費。跟河內不一樣的是，胡志明市捷運吸引了眾多民眾搭乘，可說是盛況空前的塞爆。當天一早捷運站還沒通車就出現排隊人潮，爭先恐後進閘搶車廂。因為他們的捷運已經喊了十七年，終於等到了。胡志明市老年人與六歲以下孩童免費，學生和使用電子支付的乘客享有折扣。依站距而定，現金票價為七千越盾到二萬越盾（約新臺幣九至二十五元），而使用電子支付則為六千越盾到一萬九越盾。跟河內不一樣的是，胡志明市的捷運可以直接刷信用卡入站，且第一條開通的沿線各站都有知名景點，對於旅客來說非常方便。

胡志明市的第一條捷運線全長十九・七公里，共十四個站點，首站濱城市場也是市中心的重中之重。預計 2045 年胡志明市全部十五條線完工，大大紓解市區嚴峻的塞車問題。

現今越南已開通標誌著這個國家邁向現代化的捷運系統，下一步政府更喊出要建設貫穿全國的高鐵。這些新的交通基礎設施不僅提高了居民的生活質量，還有效解決了城市交通擁堵的問題。未來隨著更多捷運線路的完成，越南的城市將會更加繁榮。

VinFast 電動車
越南的寧靜蛻變

劉俐

　　提到電動車品牌，除了特斯拉，你還會想到哪些？你知道越南也有自己的電動汽車品牌嗎？根據 2025 年初的統計，VinFast 在 2024 年於越南境內共賣出了超過 57,000 輛（VF5：32,000 輛；VF3：25,000 輛），成為全國最暢銷的車款之一。

　　關注電動車的人應該對 VinFast 不陌生，但如果你還沒聽過，那你一定要知道這個顛覆越南人生活的綠色企業。VinFast 在美國上市初期，曾被多位汽車實測博主無情地批評，從操作介面到內裝品質，爭議不斷。即使如此，故事並沒有就此結束，VinFast 正悄悄改變著越南。

　　VinFast 隸屬於 Vingroup 集團，是越南最大的私營企業之一。自 2017 年成立以來，VinFast 一直致力於推動越南汽車工業的現代化，並積極投身於電動車的研發與生產。其位於海防市的現代化生產基地，占地 335 公頃，具備高達 90% 的自動化生產能力，體現了越南製造的實力和潛力。

　　為了推廣電動車，VinFast 不僅推出了多款適合本地市場的車型，還積極發展電動巴士服務。VinBus 作為 VinFast

停放在河內市龍邊郡 VinFast 公司前的電動車 VF3。

越南很流行的 VF3 款，車型小，可自行設計塗裝。

第七部／越南越來越好　191

的子公司，提供現代化、公平定價的公共運輸系統，在交通擁擠的河內與胡志明市逐漸受到民眾好評。VinBus 的電動巴士配備自動語音報站與無障礙設計，行駛時幾乎無聲，成為都市中真正的「綠色交通」。也因為 VinBus 簡約俐落的車型穿梭在城市中，讓民眾對電動車逐步改觀。

VinFast 的產品線涵蓋多款電動車型，以滿足不同消費者的需求。其中，VF 3 因價格實惠、車身小巧且僅兩門設計，在擁擠的都市中穿梭方便，吸引大量年輕人與女性青睞，而且還可以自行彩繪車身，成為很多年輕人的最愛。VF 5 則廣泛被用於計程車市場。講到計程車市場，VinFast 也推出了電動計程車公司 Xanh SM，以亮眼的湖水綠車身作為環保號召，跟眾多計程車品牌競爭。

VinFast 為了讓民眾從極其陌生到全心支持國產電動車，VF3、VF5 和 VF6 車款，推出了前三年充電免費的促銷優惠，降低使用門檻，讓更多人願意嘗試電動車。我在 2024 年觀察 VinFast 的自用車還不多，主要都是 Xanh SM 和少量的自用車。但 2025 年過年期間再到越南，街頭到處可看到小巧的 VF3，以及其他不同型號的車款。當地人則說，因為河內時常下雨淹水，城市排水系統不好，若淹水高於燃油車排氣管，車子易受損。此外，在越南買進口車，要付 100% 關稅，等於是兩台車的費用。但是購買電動車就沒有關稅問題，也

沒燃料稅問題。現在充電樁越來越多，考慮換國產電動車的人也越來越多了。

VinFast 不僅專注於本土市場，還積極拓展海外業務。根據官方資訊，VinFast 已進軍印度，並計畫在當地設立生產基地，目標年產量達三萬至五萬輛。此外，VinFast 也開始向印尼出口電動巴士，為當地提供綠色交通解決方案，展現了 VinFast 成為區域交通解決方案供應商的雄心。

越南的電動車轉型或許還稱不上革命，但正在發生的「寧靜蛻變」，已悄悄改寫了城市街道的風景。VinFast 的故事，也從被國際市場質疑的品牌，逐漸成長為來自東南亞的堅毅反擊，既腳踏實地，也放眼全球。

穿梭於城市的 VinBus 電動巴士。

Vingroup 集團下的 Xanh SM 智慧電動計程車，統一水藍色，主要使用車型為 VinFast VFe34、V5 和 V8。服務品質良好且穩定，司機守法。

VinFast 電動車充電站。

綠色出行
穿梭城市的共享腳踏車

劉俐

　　在還劍湖區一個再普通不過的午後，觀光巴士、觀光吉普車、偉士牌機車穿梭在複雜的古街裡，不一樣的是，有些年輕人都騎著藍色的腳踏車慢行而過。這就是解決城市交通擁擠的其中一種方案：共享腳踏車。

　　越南兩大城市的交通都非常壅塞。胡志明市日均出行量約一千三百萬次，首都河內日平均出行量約一千萬次。下班的高峰時刻，胡志明市平均車速低於 20 公里／小時，部分路段甚至低於 10 公里／小時；河內也不遑多讓，高峰時段平均車速低於 25 公里／小時，重點路段低於 15 公里／小時。這只是每天自駕者的日常，若遇上過年過節，或國外元首級外賓到訪，路況更是會塞到生無可戀。記得有次過年前，我要從河內 Lotte mall 到紙橋郡，總計七・七公里的距離，平常最多三十分鐘的路程，那一次卻開了兩個小時。

　　為解決所有城市人的惡夢，越南政府開始推出一系列解決交通壅塞的方案。除了蓋捷運外，另一個就是推出共享腳踏車。2023 年首次嘗試，由 Nam Tri 公司營運，在河內、

一整排藍色的共享腳踏車 TNGo。

第七部／越南越來越好

胡志明市與峴港的重要觀光景點，都可以看到一整排藍色的共享腳踏車 TNGo。只要下載 TNGo 的 app，掃一下椅墊下方的 QR Code 就可註冊和借車。一小時一萬越盾（約臺幣十二元）。使用者也可以選擇騎一天或一個月的方案。此 app 帳號會和使用者的銀行帳號連結，要注意的是，使用一日騎乘時，帳號裡至少要有二萬越盾的金額。

然而還車時比較不方便，必須停到指定的地點，將輪胎的鎖扣上，app 就會自動偵測到還車完畢。TNGo 前方的籃子有置放飲料杯的設計，為現在人手一杯飲料的現象解決了騎腳踏車的麻煩。車輪為蜂巢實心胎，減少維護成本，也多一點避震效果。

TNGo 適用 MoMo、ZaloPay 或 Payoo 線上支付，唯一的缺點就是沒有銀行帳戶的人就沒辦法使用，所以觀光客無法租借。但外派人員因為有開戶，可以和線上支付系統連結，就能租用。

很多年輕人覺得在通勤的路上，就有腳踏車可以代步是一件很棒的事，但更多人希望政府可以增設更多腳踏車站，讓租車、還車更方便。

可以放飲料的
籃子設計。

蜂巢實心輪胎，
減少維修保養的工時。

外送平台 PK 大戰
收購 Uber 後的 Grab 還有對手嗎？

張瑜倫

自從越南 Uber 在 2018 年被 Grab 收購後，Grab 即成為越南叫車平台市場的領導者。除了提供摩托車和汽車的叫車服務外，它還有外送和快遞服務，許多上班族的午餐都是依靠 GrabFood 外送的。Grab 的多功能服務，讓許多住在越南大城市的人生活中不能沒有它，旅居越南的外國人更是其重度使用者。儘管 Grab 在越南市場上占有優勢地位，但市場上不斷有新的競爭對手出現，以不同特色吸引顧客。

在越南，除了 GrabFood，目前主要的外送平台還有 ShopeeFood。ShopeeFood 跟 GrabFood 一樣，擁有相當多的合作餐廳和快速配送服務。為了跟 GrabFood 競爭，ShopeeFood 經常推出吸引人的促銷活動。另外，ShopeeFood 有一個與其搭配的美食網站：Foody.vn，它是最受越南人歡迎的餐廳搜尋和評價平台，人們常常在 Foody.vn 找餐廳時，順便下單，因此 ShopeeFood 還是保有相當強的競爭力。雖然目前 GrabFood 領先 ShopeeFood，但 ShopeeFood 在餐廳選擇上更為豐富，因此也是非常有競爭力的。

Grab 在越南提供摩托車和汽車叫車服務，幾乎隨處可見到他們的綠色身影。

第七部／越南越來越好　199

越南的叫車平台選擇更多。除了 Grab，Be 和 Xanh SM 都是越南街頭常見的。此外，越南老牌計程車公司 Taxi Mai Linh 也順應潮流，推出了自己的叫車軟體，也跟很多公司合作。然而，這幾年最受矚目的，當屬越南最大企業集團 Vingroup 推出的電動車叫車平台 Xanh SM。這個平台以環保為號召，車輛不僅全新且乾淨整潔，迅速贏得消費者的喜愛。對 Grab 而言，這些變化意味著市場競爭變得更加多元，它需要不斷創新和調整策略，以滿足越來越多元的消費者需求，才能保持領先地位。

在 Grab 收購 Uber 時，我和朋友都很擔心交通費會飆升，但隨著越來越多競爭者的進入，Grab 不斷提升服務質量，提供更舒適便利的服務體驗，以增強自身的市場優勢。而隨著選擇變得更加多樣化後，越南城市生活的便利性也越來越高了。

越南早在各大線上叫車平台出現之前，就已經有機車載客和送貨服務。對於想省錢的乘客來說，機車通常是比汽車更經濟實惠的選擇。

叫車平台公司經常以車身顏色作為品牌辨識的一部分：藍色的 Xanh SM、綠色的 Taxi Mai Linh，和黃色的 Be 都非常具代表性。

第七部／越南越來越好　201

「嗶」轉帳成功
無現金的數位支付世代

張瑜倫

在越南，現在最普遍的付款方式不是信用卡，不是現金，而是掃 QR 碼轉帳。不管是大超市、小攤販，甚至在市場買不到十塊臺幣一把的蔥，都可以直接用手機轉帳支付。

數位支付在越南發展得非常快。根據越南國家銀行 2025 年的統計，過去五年，透過手機轉帳和 QR 碼支付的交易量，每年平均成長超過 100%。現在，越南銀行的電子支付業務每天處理的金額高達 830 兆越盾（約新臺幣 1.1 兆元）。與此同時，2024 年 ATM 交易量大幅減少 19.5%，顯示出越南人對數位支付的依賴度越來越高，現金的使用比例正在快速縮減。

越南的數位支付系統日趨成熟，也有非常多選擇，像是 MoMo、ZaloPay、ViettelPay 等電子錢包，以及各大數位銀行應用程式，都提供了簡單又便利的支付方式。不過，這樣的便利性也帶來一定的風險，尤其是個人資料可能被駭客竊取。為了強化交易安全，越南政府從 2024 年 7 月 1 日起規定，單筆超過 1000 萬越盾（約新臺幣 1.2 萬元）的線上

大至超市,小至路邊小販,在越南隨處都可以使用電子支付。

第七部／越南越來越好

轉帳，必須通過人臉識別驗證。這項措施是為了提升支付安全、防範詐騙，確保用戶資金不會輕易遭到盜用。

雖然電子支付已經非常普及，許多大城市的年輕人甚至已經習慣出門不帶現金或信用卡，但越南的現金使用還是相當普遍，特別是年長者的消費習慣較為固定，因此所有的商家和服務都還是可以現金交易，短期來越南的旅客，不用擔心店家拒收現金。不過，因為使用數位支付的人眾多，偶爾可能還是會遇到店家沒有零錢，無法找零的情況。

連鎖便利商店
最多人使用的付款方式
就是掃碼轉帳。

嗶，
一秒轉帳成功。

第七部／越南越來越好　205

是食物還是寵物？
反對聲浪四起的狗貓食用傳統

劉俐

　　自 2018 年以來，河內市許多人提出禁止吃狗肉、貓肉的習慣，他們認為越南正走向國際舞台，有許多原因應該禁止。2021 年，河內市農業農村部正式提出禁止在城區販售狗肉議案。走在河內市中心，已不像以前那樣會看到高掛狗肉的攤子，但在郊區偶爾還是會遇到。時間過了三、四年，這個禁令目前還在研議中，因為各部會都有自己的想法。

　　近十年來，越南吃狗肉的人比以前減少了許多。在西湖日新（Nhật Tân）市場、河東萬福（Vạn Phúc）市場，已不像以前有那麼多賣狗肉的據點。很多越南人飼養狗、貓當寵物，所以飲食習慣也改變了。畜產部副處長認為，貓和狗仍然是食物來源，禁食是非常困難的，法律沒有任何禁止吃狗肉和貓肉的規定，只能透過宣傳和建議，人們才會逐漸減少吃狗肉。

　　河內農業與農村發展部副部長，則是站在文明面支持這項議案，他認為河內是國家的門面，集政治、經濟、文化一體，也是一座「和平之城」，吸引著數百萬遊客前來觀光旅

越來越多越南人飼養狗和貓為寵物,牠們就像家人一般。(Minh Nguyệt 提供)

寵物就是家人,一旦走丟了也會非常著急地尋找。

第七部/越南越來越好

遊。貓、狗屠宰像掛燒臘一樣在路上展示，會帶給在河內生活和工作的外國人不好的印象。為了建造文明現代化首都，應逐步減少和杜絕貓、狗肉食用。同時也要管理放養、流浪狗的捕捉力度，鼓勵人道和動物福利活動，改變社區意識。也有藝人跳出來發聲，他從不認為吃貓、狗肉是越南人的傳統飲食，只能說那是當時危難下的生存之道。

2024 年初，河內老城區的二百五十家餐廳和非營利組織 Soi Dog 進行一場活動，在餐廳張貼貼紙，告示「貓狗是朋友，不是食物，支持禁食。此處不供應狗肉或貓肉」。有位餐廳老闆道出了為什麼過往越南人會吃狗肉和貓肉，是因為以前人們非常貧窮，沒有其他食物選擇，而且傳統上相信吃狗肉可以改運，因此狗肉和貓肉才變成了傳統食物。如今生活好轉，我們必須停止吃這些肉，保護自身免受傳染病的侵害，更重要的是保護我們的寵物。現在只有少數年輕人偶爾會吃狗肉，大多數則認定貓和狗就是寵物，他們反對吃貓和狗，不是因為傳染疾病因素，而是貓和狗是有靈性的家人。

亞洲有些國家花了許多年從宣導至禁食，但民間還是有吃狗肉的習慣。韓國已在 2024 年一月明令禁止吃狗肉。越南也和國際普世價值腳步一致，相信列為明令法條是遲早的事。

狗肉店的招牌。

由動物保護團體 Soi Dog 與當地店家發起的活動貼紙。

位於河內西湖郡的寵物飯店，擁有廣大的空間讓狗兒奔跑。（Minh Nguyệt 提供）

第七部／越南越來越好

別具意義的紀念品
幫助鄉村婦女和特殊需求兒童的社會企業

張瑜倫

人們在旅途中難免會購買紀念品,除了送人外,紀念品也是旅程美好回憶的一部分。要是能透過購買手工製品,支持當地社區與弱勢族群,這樣的紀念品就更有意義了。Mekong Quilts 和 Tòhe 就是兩家值得推薦的社會企業,他們優質、實用的公益文創商品,絕對是遊越南最佳紀念品選項之一。

Mekong Quilts 是一家創立於 2001 年的社會企業,商品以手工製作的衣物、包包、被子、枕頭及竹製品為主。他們的核心目標是為越南和柬埔寨的鄉村婦女提供工作機會,幫助她們學習技能,從而改善生活條件。他們的每一件產品都是這些婦女的心血結晶,不僅質量精湛,還充滿了她們對生活的熱情與希望。目前在胡志明市和河內都有 Mekong Quilts 的實體店,也可以在其官網購買。

另一家值得一提的社會企業是 Tòhe,成立於 2006 年,專門為有特殊需求兒童提供藝術教育和創作平台。Tò he 原本的意思是捏麵人,創辦人希望 Tòhe 能成為特殊需求兒童的創

Mekong Quilts 和 Tòhe 是兩家優質、實用的公益文創商品社會企業，幫助當地社區和弱勢族群。

第七部／越南越來越好　211

作玩樂天地,他們將這些孩子充滿創意與童真的藝術作品,展示於電腦包外觀、筆記本的封面,設計成桌曆、錢包、吊飾和服裝等等。這些特殊孩子在 Tòhe 的支持下,獲得表達自我、展示才華的機會。Tòhe 商品販賣的部分收益,會分給其小小創作者,部分收益則用於持續支持特殊需求兒童。Tòhe 目前在河內有實體店面,在胡志明市的 Ginkgo Concept 和 Reading Cabin 也可買到其商品,或是可以選擇在網上購買。

這些社會企業店家提供了不同尋常的購物體驗,Mekong Quilts 和 Tòhe 的每一件商品背後都有動人的故事,無論你是自己使用或贈送他人,都有更深層的感動。

Mekong Quilts 的商品皆使用永續材料製作,且具有越南特色,這棵竹製聖誕樹就大受旅居越南的西方人歡迎。

Mekong Quilts 的文創商品以手工包包、棉被和竹製品為主。

Tòhe 為特殊需求兒童開設藝術創作課程，這些小小藝術家的作品未來也會成為 Tòhe 商品設計的一部分。

Tòhe 的文創商品充滿童真的創意和鮮艷的色彩。

第七部／越南越來越好　213

打擊人口販賣和幫助視障人士
Blue Dragon 和 Omamori Spa

劉俐

　　越戰結束後，越南民間生活困苦，不少國際 NGO 伸出援手，協助解決民生問題。隨著經濟改革與發展，越來越多在地行動者投入改善社會的工作。這些人有的以非營利組織的形式深入田野、救助弱勢，也有的以社會企業為基礎，自主營運解決長期存在的社會問題。本文介紹兩個代表性組織：以兒童人權為核心的國際 NGO「Blue Dragon」，以及訓練視障按摩師的社會企業「Omamori Spa」，看他們如何以不同方式，實踐改變社會的可能。

　　深入越南各地、上山下海救人的機構 Blue Dragon，是由澳洲到越南教書的 Michael Brosowski 老師所創立。一開始這位老師在河內街頭看到很多擦鞋的孩童，便和其學生教導這些孩子英文和生活技能，組織足球隊一起玩耍、一起學習，並於 2004 年正式註冊，為失學兒童安排教育計畫，以及協助街童返家。2005 年遇到人口販賣問題，這位老師和其團隊第一次救出被販運、剝削的兒童，之後又從中國妓院救出六名兒童。Blue Dragon 意識到人口販運的嚴重性，從

曾受 Blue Dragon 協助的孩童，長大後開了自己的店。

Omamori Spa 連鎖按摩店團隊，是由非營利組織 Blind-Link 所創立的，專門培訓視障人士成為專業按摩師傅。
（Omamori Spa 提供）

第七部／越南越來越好　215

而積極拓展營救據點。他們的救援成為跨國境的活動，2013年開始與鄰國合作，尋找被運送到越南境內的孩童。2015年，因為 Blue Dragon 的呼籲和奔走，促使國會修改越南兒童保護法。修法後逮捕了兒童施虐者，並為無家可歸的兒童提供更安全的生活。2018 年，Blue Dragon 完成了讓五百名無家可歸兒童與家人團聚的里程碑。2020 年，他們的救援已達一千次。時過二十年，Blue Dragon 依然沒有停下腳步，他們的目標是要徹底消除販賣人口的問題。雖然 Blue Dragon 並非社會企業，卻以極具行動力與持續性的營運方式，展現它的影響力。

另一家擁有高評價的，是微型社會企業 Omamori Spa 按摩店，他們聘僱訓練有素的視障人士為按摩師傅。該連鎖按摩店是由非營利組織 Blind-Link 的創辦人阮氏蘭香（Nguyễn Thị Lan Hương）與夫婿於 2013 年共同創立。阮蘭香在美國就學時，受到社會企業的啟發，回國後有感於越南國內對於視障人士的照護與就業資源不足，且社會現況和特殊境遇人士間存在著巨大隔閡，於是利用她在美國獲得的獎學金，以及所學的商業模式，發展成新創社會企業。按摩業在東南亞一直是入行門檻低的職業，加上某些情色產業介入，使得按摩行業聲譽受到影響，加上低工資和不良雇主剝削，或遇到客人踰矩的行為對待，按摩業對視障人士來說是非常危險的

職業。Blind-Link 在這樣環境下，決心為視障者提供完善且安全的就業環境，以自食其力的成就，從而提高視障人士的自尊與自信。Blind-Link 除了按摩課程培訓外，還有個人理財與小型企業培訓。許多受惠者在培訓後即進入 Omamori Spa 工作，有些學員則返回家鄉按摩店工作，也有少數自行創業開店。Omamori Spa 也提供英語口說課程訓練，讓時常接待國際旅客的按摩師傅，可以更順利和外國人溝通。

　　無論是依賴國際資源與志工網絡的非營利機構，還是靠創新商業模式自立自足的社會企業，這些在地的行動者就像小鬥士，在得到政府補助、中介機構協助之前，他們勇敢地走在社會的前端，對當地社會甚至全國產生了深遠的影響。今天，這些社會企業仍然持續不懈地貢獻，協助無數人脫離困境，並成為他們的後盾。

改變天際線
胡志明市兩大高樓地標

劉俐

　　每次我帶朋友到胡志明市玩，大家都會對這座城市留下非常正面的印象。除了東西好吃、人民和善，在這裡還能感受到一股蓬勃發展的活力。身為亞洲新興城市的胡志明市，總讓來此一遊的人驚呼連連。西貢河兩側的大樓將夜晚的天際線點綴得繁華如星，不管從什麼角度看，很難不看到 Bitexco 金融塔和 81 地標塔。

　　2010 年以前，胡志明市的地標是六十八樓高的 Bitexco 金融塔，它位於熱鬧的第一郡，這一區是國際商務人士和遊客必會來訪的地方。Bitexco 大樓外觀像是縮小版的杜拜帆船大樓。第四十九樓凸出來的平台可購票參觀，同一層樓還有奧黛（Áo Dài 越南國服）博物館，讓遊客就近認識越南的傳統文化。

　　到了 2018 年，八十一層樓高的地標塔落成使用，總高度 461 公尺，成為全越南的指標大樓，是世界高度排行第十八的建築。81 地標塔位於平盛郡，在西貢河的西側，由 Vingroup 集團投資興建。大樓外觀由高低不同的樓層並列

Bitexco 金融塔，外觀像是縮小版的杜拜帆船大樓。第四十九樓凸出來的平台可購票參觀。

81 地標塔，大樓外觀由高低不同的樓層並列集結成一體，這個發想來自民間隨處可見的捆竹，寓意為民族團結。夜晚的 81 地標塔更是亮眼醒目。（林子琪提供）

第七部／越南越來越好

集結成一體,這個發想來自民間隨處可見的捆竹,寓意為民族團結。設計團隊將生活一隅的畫面灌注在繁華喧鬧的城市中。81 地標塔的觀景台在第七十九至八十一樓之間,在上面可一覽西貢風光,也可以清楚看見蜿蜒的西貢河。

這兩座大廈象徵越南經濟在過去十年快速增長,且整個國家都市化進程如火如荼進行。雖然疫情期間一時放緩,但越南經濟在疫後又急起直追,整體基礎設施和房地產市場迅速發展,彷彿疫情只是一段短短的中場休息。作為胡志明市的地標建築,Bitexco 和 81 地標塔大大提升了這座城市和越南在國際上的知名度和形象,吸引了更多外商投資和國際遊客的目光。這兩座大樓及其周邊的建築群,也反映了越南政府積極推動建築和城市規畫的進步。它們融合了現代化的設計理念和施工工藝,標誌著越南建築技術水平已大幅提升,為未來的城市建設樹立了新的標竿。

我喜歡在西貢河濱步行,白天在河岸邊看人車穿梭的忙碌,晚上欣賞西貢的浪漫。或是選一間附近的飯店,傍晚時分在高樓處看著河道船隻往來。你可以感受到年輕的氛圍,無論什麼年齡層的在地人,都對這個國家充滿希望與向心力,這種開心積極的感受,會渲染每一個人。這座美麗的城市值得你來體驗看看。

胡志明市最繁忙的區域。

從 Hilton 飯店欣賞美麗的胡志明市。

第七部／越南越來越好　221

你還不認識的新越南
在一個華麗變身的年輕國家生活、旅行和工作

作者	Click-Vietnam 點點越南
主編	劉偉嘉
校對	魏秋綢
排版	謝宜欣
封面	萬勝安
出版	真文化／遠足文化事業股份有限公司
發行	遠足文化事業股份有限公司（讀書共和國出版集團）
地址	231 新北市新店區民權路 108 之 2 號 9 樓
電話	02-22181417
傳真	02-22181009
Email	service@bookrep.com.tw
郵撥帳號	19504465 遠足文化事業股份有限公司
客服專線	0800221029
法律顧問	華洋法律事務所　蘇文生律師
印刷	凱林彩印股份有限公司
初版	2025 年 7 月
定價	380 元
ISBN	978-626-99530-7-3

有著作權，侵害必究

歡迎團體訂購，另有優惠，請洽業務部 (02)2218-1417 分機 1124

特別聲明：有關本書中的言論內容，不代表本公司／出版集團的立場及意見，由作者自行承擔文責。

國家圖書館出版品預行編目 (CIP) 資料

你還不認識的新越南 : 在一個華麗變身的年輕國家生活、
　旅行和工作／ Click-Vietnam 點點越南作 . -- 初版 . -- 新北市 :
　真文化 , 遠足文化事業股份有限公司 , 2025.07
　　面； 公分 -- (認真生活 ; 19)
　ISBN 978-626-99530-7-3 (平裝)

1. CST: 越南

738.39　　　　　　　　　　　　　　　　　114008604